GESTÃO DA INFORMAÇÃO NAS ORGANIZAÇÕES

Como analisar e transformar em conhecimento informações captadas no ambiente de negócios

Exemplos práticos

Wilson Martins de Assis

GESTÃO DA INFORMAÇÃO NAS ORGANIZAÇÕES

Como analisar e transformar em conhecimento informações captadas no ambiente de negócios

Exemplos práticos

autêntica

Copyright © 2008 Wilson Martins de Assis

CAPA
Rosângela Paola
Patrícia De Michelis

EDITORAÇÃO ELETRÔNICA
Eduardo Costa de Queiroz
Waldênia Alvarenga Santos Ataíde

REVISÃO
Tucha

CONTATO COM AUTOR
Email: wilsonmassis@gmail.com

Todos os direitos reservados pela Autêntica Editora. Nenhuma parte desta publicação poderá ser reproduzida, seja por meios mecânicos, eletrônicos, seja via cópia xerográfica, sem a autorização prévia da editora.

AUTÊNTICA EDITORA

BELO HORIZONTE
Rua Aimorés, 981, 8º andar. Funcionários
30140-071. Belo Horizonte. MG
Tel: (55 31) 3222 68 19
Televendas: 0800 283 13 22
www.autenticaeditora.com.br
e-mail: autentica@autenticaeditora.com.br

**Dados Internacionais de Catalogação na Publicação (CIP)
(Câmara Brasileira do Livro, SP, Brasil**

Gestão da informação nas organizações : como analisar e transformar em conhecimento informações captadas no ambiente de negócios : exemplos práticos / Wilson Martins de Assis. — Belo Horizonte : Autêntica Editora, 2008.

Bibliografia.
ISBN 978-85-7526-331-0

1. Gestão do conhecimento 2. Planejamento estratégico 3. Recursos de informação - Administração 4. Sistemas de informação gerencial 5. Tecnologia da informação I. Assis, Wilson Martins de. II. Título.

08-04660	CDD-658.4038

Índices para catálogo sistemático:
1. Gestão da informação : Administração de empresas
658.4038
2. Informação : Gestão : Administração de empresas
658.4038

Para Rosângela e Artur.
Para Dilma.

Prefácio I

Gestão da Informação e disseminação de conhecimento – estas palavras sintetizam os fundamentos deste livro. Constituem, também, importantes insumos aos modelos de gestão de organizações que pretendam superar os desafios do atual ambiente de negócios.

O desenvolvimento da competência essencial de uma empresa passa, necessariamente, pela qualidade da informação que ela consome – considerando aqui a informação como um importante insumo do conhecimento e como um diferencial competitivo –, pois é com base em informações confiáveis e bem elaboradas que os dirigentes organizacionais podem se preparar para desenvolver estratégias capazes de criar valor para seus públicos relevantes. Portanto, um dos principais componentes para a conquista da competitividade em nível global é, sem dúvida, a construção de um sistema que seja eficaz na busca de informações e na disseminação adequada destas no âmbito das organizações.

O processo de levantamento da necessidade da informação, da sua captação e da disseminação no ambiente interno das organizações, apresentado neste livro, ressalta a importância estratégica do tratamento dado à informação externa e destaca os meios pelos quais ela poderá contribuir para o êxito das organizações em geral e das empresas, em particular.

Além disso, os instrumentos de construção de informações apresentados viabilizam um amplo leque de abordagem da informação externa à organização, proporcionando a divulgação de matérias que atendam desde as necessidades do cotidiano organizacional até aquelas necessárias às análises dos mais complexos cenários sobre o seu ambiente de atuação.

Nesta obra, Wilson Martins de Assis trata, de forma objetiva, prática e com sua simplicidade habitual, sobre os mecanismos de mapeamento das necessidades de informação de uma organização, as técnicas de captação dessas informações, os instrumentos de análise e de disseminação delas no âmbito organizacional, de modo a facilitar o acesso, o entendimento e o uso delas ao seu público-alvo. Nesta obra, Wilson Martins de Assis trata, de forma objetiva, prática e com sua simplicidade habitual, sobre os mecanismos de mapeamento das necessidades de informação de uma organização, sobre as técnicas de captação destas informações, sobre os instrumentos de análise e de disseminação das mesmas no âmbito organizacional, de modo a facilitar o acesso, o entendimento e o uso delas junto ao seu público alvo.

A metodologia de análise do material informativo, de adaptação dele às necessidades das diferentes unidades organizacionais e da sua classificação de acordo com o tipo adequado a cada dimensão da gestão empresarial contribui de forma decisiva para a melhor assimilação dele.

Lastreado em mais de três décadas de experiência, este livro pode contribuir para viabilizar a disseminação do conhecimento nas organizações, ao apontar caminhos para a construção de um modelo de gestão da informação que possibilite captar e transmitir informações necessárias à administração, com clareza, isenção, profundidade e precisão, para qualquer pessoa, em qualquer lugar e a qualquer momento.

É nesse contexto que entro nesta história: considero um privilégio ter sido convidado para prefaciar este livro e considero-me sujeito e objeto deste projeto.

Sujeito, porque tive a prerrogativa de conviver com Wilson desde o início de sua carreira no início da década de 1970 e, durante mais de trinta anos, pude testemunhar seu crescimento profissional e seu esforço diuturno na busca da concretização do sonho de ver a Usiminas no topo do *ranking* na área da gestão da informação.

Objeto, porque sou, também, usuário crítico dos serviços prestados pela Superintendência de Informações Técnicas do Sistema Usiminas, que ele dirige com extrema competência.

Portanto, escrevo como observador participante e desta posição – posso dizer que graças ao bom serviço realizado pela Superintendência de Informações Técnicas – aprendi a assimilar rapidamente as informações e notícias atuais – que sempre recebi de forma bem trabalhada e sistematizada – e me acostumei com elas de tal modo que não conseguiria imaginar como teria sido a trajetória da empresa sem este trabalho.

Estamos, assim, diante do relato de uma experiência exitosa no âmbito de uma empresa vitoriosa, de grande porte. Vitoriosa e considerada, no meio industrial, uma referência nacional na área da gestão da informação.

Os instrumentos de construção de informações aqui apresentados poderão ser utilizados por qualquer tipo de organização: desde grandes conglomerados industriais, até empresas de pequeno porte. Eles são úteis não apenas para a informação específica destinada às diferentes unidades organizacionais, mas, também, funcionam como suporte para os processos de tomada de decisões estratégicas, para análise de rotas tecnológicas, elaboração de cenários, enfim, como parte essencial de um modelo de governança corporativa.

Nascido de uma dissertação de mestrado, o texto poderá ser útil tanto para o meio acadêmico quanto para o ambiente empresarial: acrescenta a prática empresarial e, a base teórica para gerar valor por meio da informação bem trabalhada.

Há justificadas razões para crermos no sucesso deste projeto: a experiência, a competência e a dedicação do autor ao tema permitem prever que este trabalho não será apenas uma iniciativa efêmera com horizonte de curta duração, mas um importante legado e um marco na literatura da gestão da informação.

Portanto, caro leitor, um dos principais objetivos deste livro é trazer um pouco mais de luz à gestão empresarial e, particularmente, à gestão da informação, ajudando àqueles que pretendem construir e manter um diferencial competitivo para suas organizações.

O autor tem ampla experiência na área e nos traz seu relato utilizando uma linguagem simples e de fácil assimilação.

Para encerrar, busquei uma frase do presidente da Usiminas, Rinaldo Soares, registrada em seu livro *Rumos: um olhar sobre a gestão empresarial*, e selecionei a vigésima primeira do capítulo Visão Estratégica:

"Os desafios são motores da alma. Eles despertam a imaginação, fomentam a criatividade e incendeiam corações" – este é mais um desafio superado por Wilson, a leitura do livro certamente será útil e agradável, mas a diretriz é absorver ao máximo os ensinamentos com que nos brinda em seu rico depoimento.

Heitor Lins Peixoto
Engenheiro e Mestre em Administração.
Assessor da Presidência da Usiminas.

Prefácio II

Wilson Martins, exemplo de profissional da informação, teve o desejo de tornar-se Mestre em Ciência da Informação pela Universidade Federal de Minas Gerais (UFMG). E, para minha surpresa, definiu-se que ele seria meu orientando.

A minha grande pergunta foi como eu poderia ser orientadora de uma pessoa com tamanha experiência profissional? Aceitei o desafio, pois já conhecia Wilson Martins há anos, conhecia a sua forma de pensar e o seu trabalho nas ações de gerenciamento de informação no Sistema Usiminas. Ao longo do tempo, percebi que tinha pela frente outro desafio, que era tentar fazer com que toda essa experiência se mostrasse em um projeto de pesquisa em nível de mestrado. E, confesso, não foi fácil tentar "moldar" um profissional como Wilson Martins ao formato acadêmico na forma de se expressar, na condução de uma pesquisa e na redação de atividades desenvolvidas, cotidianamente, ao longo de anos.

O resultado foi a obtenção do título de Mestre em Ciência da Informação e muito do que se apresenta neste livro.

Vários são os livros que falam sobre a gestão da informação: aspectos culturais, políticos, técnicos e de recursos humanos para o desenvolvimento de tarefas complexas que se tornam cada dia mais necessárias às organizações. A literatura mostra, argumenta e defende teorias, além de sugerir as melhores práticas e a garantia do sucesso organizacional. Isso é muito bom, pois se constata que a gestão da informação tende a alcançar o seu objetivo maior, que é o de disponibilizar a melhor informação para subsidiar as decisões no âmbito das organizações.

Wilson Martins, entretanto, traz uma inovação a essa literatura ao mostrar a teoria e, sobretudo, como ela se aplica no cotidiano das organizações, embasado na tradição de gestão da informação existente no Sistema Usiminas. Este livro deve ser não só lido, mas "aprendido" pelos profissionais da informação à frente de atividades de gestão da informação. Além disso, esta obra deve ser considerada ponto de partida para muitas outras pesquisas na área em questão, por professores e pesquisadores que se ocupam do estudo da gestão da informação nas universidades públicas e privadas.

Mônica Erichsen Nassif
Escola de Ciência da Informação
Universidade Federal de Minas Gerais

Sumário

Apresentação 15
Introdução 19
Mapeamento das necessidades de informação 23
Fontes de informação 33
    Aquisição de fontes de informação 39
Produtos de informação 41
    Boletins 44
    Construção de boletins 50
        Boletins de informação referencial 50
            1. *Boletim referencial de artigos de periódicos* 52
            2. *Boletim referencial que dissemina o sumário das publicações* 56
            3. *Outros tipos de boletins referenciais* 59
        Boletins de informação noticiosa 59
            1. *Boletim noticioso voltado para aspectos tecnológicos* 60
            2. *Boletim noticioso conjuntural* 65
            3. *Boletim noticioso mensal* 73
        Boletins de informação analítica 75
    Construção de banco de dados 93
        Banco de dados referencial 95
        Banco de dados de notícias 107
        Banco de dados estatístico 110
Disseminação da informação 119
Uso da informação 129
Gestão da informação: a decisão de implantar 141

Acervo, recuperação e tratamento da informação 142
Fronteiras da informação em uma organização 145
Software/hardware para administrar a informação 147
Perfil dos profissionais da informação 148
Caminhos para uma área de informação 149

Considerações finais 151
A informação no Sistema Usiminas 151
Produtos de informação 153

Referências 158

Anexos 163

Apresentação

Um dos principais objetivos deste livro é orientar pessoas e empresas na construção de produtos de informação – boletins, bancos de dados e informativos diversos –, de modo a proporcionar melhoria do desempenho corporativo mediante adequada administração das informações externas à organização. Ele foi escrito para atingir públicos e organizações que tenham interesse em acompanhar e analisar o ambiente de negócios por meio de uma visão integrada e o uso racional dos produtos de informação, como, também, na sua criação e gestão.

Um dos motivos para esta publicação é a carência da literatura existente no que se refere à metodologia de planejamento e desenvolvimento de produtos de informações oriundas do ambiente externo, independentemente do porte das organizações. A literatura consultada sobre gestão da informação é quase toda ela dedicada a mostrar o que deve ser feito, medido e avaliado – isto é, é mais orientativa. Aborda e discorre claramente sobre a necessidade da informação externa, considerada muitas vezes essencial para o sucesso das organizações, mas pouco, ou quase nada, é encontrado sobre formas ou metodologias para construir e desenvolver produtos de informação, bem como sobre a melhor forma de apresentá-los ao usuário e os parâmetros a ser considerados para sua divulgação e implantação.

Uma vasta gama de profissionais encontrará aqui apoio para o desempenho de suas funções: gestores de um modo geral, analistas e pesquisadores de diversas áreas de uma organização; profissionais da informação; especialistas em analisar informações sobre o mercado, finanças e tecnologia; editores e redatores; professores e estudantes de diversos cursos de graduação e pós-graduação.

O propósito é de proporcionar a oportunidade da construção de produtos de informação de acordo com a necessidade da organização e de seus usuários, sem necessitar, muitas vezes, de criar um setor de informação específico para isso. A forma de construção dos produtos de informação apresentada no texto poderá possibilitar a criação imediata de veículos de informação de uso direto em sua organização.

Antes de ser um *checklist* de construção de produtos de informação, o livro funciona como um guia de orientação das diversas formas e parâmetros necessários à criação dos produtos de informação. Ao nosso leitor, desejamos que todos estes capítulos contribuam para um início ou para o avanço desta moderna prática empresarial em sua organização.

Nossa intenção ao elaborar os textos foi demonstrar a viabilidade de construir produtos que sejam úteis aos usuários e que propiciem maior eficácia e eficiência na vida e nos negócios da organização, de modo a contribuir para o acesso a eles e facilitar a obtenção de informações adequadas em situações e momentos importantes do negócio.

A elaboração do livro foi baseada tanto em aspectos teóricos quanto na experiência da Superintendência de Informações Técnicas do Sistema Usiminas. Foram analisados os conceitos de autores respeitados da gestão da informação, como Choo, Davenport, Drucker, McGee, Prusak, Fuld, Richards e outros. Na proposição de construção dos produtos de informação foram consideradas a influência e a necessidade de acompanhar o meio ambiente externo à organização e a importância dos produtos de informação; a definição das necessidades de informação tanto da organização quanto dos usuários; as fontes de informação, a disseminação, a divulgação e o uso dos produtos.

Os produtos de informação foram divididos em quatro categorias: referencial, noticioso, analítico e estatístico. Essa divisão por categorias permitiu explicitar detalhes de viabilização e de compreensão para cada tipo de produto de informação. Para melhor entendimento dessa divisão em quatro categorias, são apresentados vários exemplos de boletins, bancos de dados, formas de apresentação da disseminação da informação, maneiras de medir o uso da informação e as pesquisas/resultados da satisfação dos usuários.

A Usiminas, nossa unidade de análise, permitiu a pesquisa e a análise dos seus produtos de informação desenvolvidos pela Superintendência de Informações Técnicas que já existe há 40 anos. A Empresa viveu, até agora, três momentos marcantes em sua vida, a saber: a implantação da Usina em Ipatinga e seus três planos de expansão; a necessidade de mudar do patamar tecnológico e passar a preocupar-se com o mercado de aço e suas implicações; o novo período, quando começa a atuar como empresa privada, sem as amarras do Estado brasileiro, até os dias de hoje. A Superintendência de Informações acompanhou e participou ativamente dessas fases.

A Superintendência de Informações Técnicas, regularmente, edita boletins que apresentam o desenvolvimento da conjuntura e da tecnologia, suas tendências e perspectivas, vislumbram oportunidades e alertam sobre ameaças aos negócios da Empresa. São, ainda, disponibilizados diversos bancos de dados próprios que apóiam as pesquisas de informação de seus usuários na organização.

Para finalizar, agradeço à direção da Usiminas a permissão para a publicação deste livro.

A Rinaldo Campos Soares e Marcus Jurandir de Araújo Tambasco pela confiança e amizade, apoiando esta iniciativa desde a primeira hora.

Ao amigo Heitor Lins Peixoto, pela paciência da interlocução nas muitas horas de reflexão e divagação. Às professoras Mônica Erichsen Nassif Borges, Ana Maria Pereira Cardoso, Beatriz Valadares Cendón e Marta Pinheiro.

Ao Daniel Antonio, pelas várias revisões do texto, e à Débora Lyrio, pela elaboração dos gráficos.

Minha maior gratidão foi participar ativamente da equipe da Superintendência de Informações Técnicas que construiu o modelo de Gestão da Informação do Sistema Usiminas. Obrigado a todas a essas pessoas com quem eu convivi nestes últimos 33 anos.

Desejo a todos uma boa leitura!

Wilson Martins de Assis

Introdução

As organizações estão vivendo nos dias de hoje uma época de crescente concorrência global. Para serem bem-sucedidas, elas, necessariamente, devem saber mais sobre o mercado em nível mundial, bem como sobre planos e intenções, tanto dos seus consumidores quanto dos seus concorrentes.

A concorrência, hoje, é muito agressiva e complexa. Verbas maiores para pesquisa e desenvolvimento, alianças e parcerias estratégicas com o objetivo de conquistar parcelas de mercado, acirrada competição de preço e qualidade são algumas das características desta nova realidade.

Um fracasso empresarial pode estar ligado a fatores como impostos, legislação social, preferências de mercado, canais de distribuição, direitos de propriedade intelectual, dentre outros. Por isso, um sistema adequado de informações deve incluir dados que permitam aos executivos pensar sobre essas questões (DRUCKER, 1995).

A informação no meio empresarial assume caráter cada vez mais estratégico. Ela chega a influenciar o comportamento das pessoas da organização nos seus relacionamentos com os clientes, fornecedores, parceiros, etc. Com isso, a administração da informação externa à organização tornou-se elemento fundamental no mundo dos negócios.

O acompanhamento e a compreensão de fatores como mudanças demográficas, culturais, políticas e econômicas são vitais na adaptação e na planificação das organizações. As informações devem ser disponibilizadas com rapidez e precisão, refletindo o contexto atual do mercado e da economia local e mundial.

Existe, hoje, uma preocupação maior com o ambiente externo, demonstrada pelas organizações modernas. Muitas vezes, a sobrevivência destas está aliada à sua capacidade de lidar com as informações externas coletadas, transformando-as em ação, e utilizando-as para se adaptarem às mudanças ambientais.

Nesse sentido, as organizações devem considerar a coleta e a análise de informações sobre diversos temas – mercados, clientes, fornecedores, concorrentes, tendências econômicas, financeiras, sociais e tecnológicas – como ferramentas essenciais para tomada de decisão e como fator importante para sua competitividade, em um mercado globalizado.

É certo que todas as empresas precisam ser informadas sobre o que acontece ao seu redor: de que os consumidores necessitam, o que os concorrentes tentam realizar, o que as regulamentações governamentais nos obrigam a fazer. É fato, no mundo dos negócios de hoje, que as empresas devem adequar-se, pelo menos minimamente, a seus ambientes externos. Nenhuma empresa é forte o bastante para ignorar ou controlar seu ambiente externo quando depara com tendências setoriais e orientações governamentais (DAVENPORT, 1998).

Pode-se perceber que existe um consenso de que é necessário um bom gerenciamento da informação (conteúdo), o qual deve ser baseado em políticas que prevejam critérios de seleção e guarda, normas para organização e categorização, padronização, incentivo à disseminação e ao uso de informações, com amplo e democrático acesso.

As informações externas à organização caracterizam-se, principalmente, por seu grande volume e pela diversidade de suas fontes. Por isso, é importante que se procure definir uma metodologia, ou parâmetros, de como as informações externas devem ser obtidas, interpretadas, formatadas, avaliadas, disseminadas e utilizadas. Uma das maneiras de explicitar essa situação é mediante a construção de produtos de informação.

Para a implantação e a montagem de produtos de informação para uma organização, é necessário amplo conhecimento das condições de mercado sob as quais ela opera. Mudanças na esfera dos consumidores, dos concorrentes, dos fornecedores, dos parceiros comerciais e dos órgãos governamentais constituem informação essencial para qualquer empresa que precisa estar a par de tudo que acontece e que possa influenciar seus negócios. Tudo isso deve refletir-se nos seus produtos de informação.

Independentemente da forma como os serviços e produtos de informação são disponibilizados, eles devem ser concebidos como um negócio, dimensionando-se sua complexidade, seu crescimento e seu valor, bem como a satisfação de clientes. A gestão da informação e os seus serviços e produtos mostram-se como o lugar no qual todas as questões discutidas e previstas nos demais processos são consolidadas. Tanto que falar de serviços de informação leva a falar do cliente e de suas necessidades de informação, da distribuição e do uso dela. Além disso, a forma como os serviços e produtos de informação serão desenvolvidos tem relação intrínseca com a forma como os dados obtidos pelas fontes de informação foram analisados, organizados e armazenados (BORGES; SOUSA, 2003).

No mapeamento de necessidades de informação externa, dois aspectos importantes precisam ser observados: as atividades de maior impacto sobre os resultados da empresa, pois é sobre as necessidades destas que se concentrarão os maiores esforços de informação; a escala de prioridades das necessidades e a sua previsão, pois é importante procurar antecipar as necessidades. É daí que, muitas vezes, nascem os produtos de informação, procurando trazer, em primeira mão, as informações de impacto para os negócios.

O conjunto de informações necessárias às organizações engloba informações tecnológicas, mercadológicas, financeiras e estatísticas sobre empresas e produtos de sua área de atuação, assim como informações de cunho legal, como ilustrado por Herring (1988), na Figura 1:

Figura 1 – Necessidades de informação externa de uma empresa

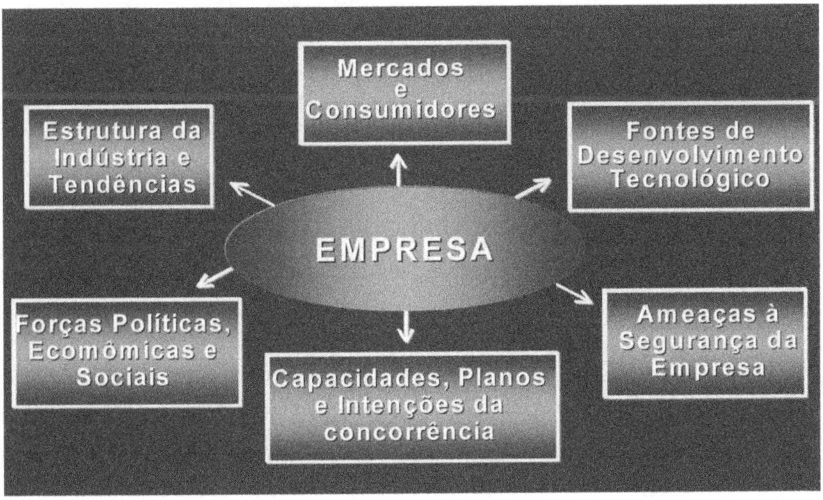

Fonte: THE JOURNAL OF BUSINESS STRATEGY, May/June 1988

Para construir e desenvolver produtos de informação, é necessário amplo conhecimento das condições de mercado sob as quais opera a organização. Geralmente, os executivos são providos precariamente de informações externas. A informação aos executivos tornará os dados externos mais importantes e urgentes. Boa parte dos conceitos de informação nas organizações contempla, prioritariamente, informações internas. As empresas voltam-se, principalmente, para os custos e esforços internos, em vez de estarem atentas para as oportunidades, mudanças e ameaças externas.

A informação externa muitas vezes é negligenciada nas organizações, e os motivos são vários. Mas, hoje, cada vez mais, as organizações estão reconhecendo a importância de ter e de administrar as informações externas, desenvolvendo seus próprios produtos de informação.

Um dos obstáculos percebido pelas organizações na montagem de produtos de informação é o seu custo de implantação e de manutenção, o qual é determinado, basicamente, pela aquisição das fontes de informação e pelo pessoal especializado para sua viabilização. Muitas vezes, não é dada a devida importância à aquisição de fontes externas, tanto na sua diversidade quanto no seu compartilhamento. Uma escolha acertada das fontes de dados é fundamental para a coleta e a classificação das informações.

A literatura existente sobre gestão da informação é quase toda dedicada a mostrar o que deve ser feito, medido e avaliado. Pouco, ou quase nada, é encontrado sobre formas ou parâmetros para construir e desenvolver produtos de informação.

Nos capítulos seguintes serão investigadas as várias facetas da administração da informação, em termos de implantação e de construção dos produtos de informação, de acordo com o espírito empresarial. Serão tratados os parâmetros, as práticas e a metodologia de construção e desenvolvimento de produtos de informação adotados para a monitoração do ambiente externo de uma organização. O relato e a experiência desenvolvidos estão baseados nos 40 anos de existência da Superintendência de Informações Técnicas do Sistema Usiminas, no campo da informação externa à organização.

O tema central deste livro está na descrição de parâmetros para planejar e desenvolver produtos de informação sobre o ambiente externo, independentemente do porte da empresa, mas sempre se baseando em suas necessidades de informação. *Quais são os parâmetros a ser considerados para se propor uma metodologia para o desenvolvimento de produtos de informação para as organizações?*

Na descrição da construção dos produtos de informação, procuraremos, sempre, abordar os aspectos do mapeamento das necessidades de informação, das fontes de informação e das maneiras de como construí-los. Para a perenização do produto de informação descreveremos os aspectos da disseminação, da divulgação e do uso dele. Quando necessário enfocaremos temas como softwares/hardwares de apoio e de administração aos conteúdos e o papel dos profissionais da informação.

Neste livro é considerado como produto de informação externa aquele que garante e cobre as necessidades de informação dos membros da organização e contribua, por meio de boletins/Informes e bancos de dados, para que os usuários sejam atendidos com uma mistura equilibrada de produtos. E, para facilitar o entendimento da palavra construção, quando esta for citada, entende-se: planejar, organizar e implantar produtos de informação.

Nos capítulos a seguir será dada atenção aos temas que influenciam diretamente na construção dos produtos de informação, como: mapeamento de necessidades de informação, fontes de informação, produtos de informação, disseminação, divulgação e uso da informação.

Mapeamento das necessidades de informação

O mapeamento das necessidades de informação externa é fundamental para qualquer organização que tenha interesse em lançar ou, então, em adquirir produtos de informação, pois ele é determinante no direcionamento das ações e na maneira de administrar o fluxo de informação de interesse. O mapeamento das necessidades de informação deve ser feito com o objetivo de dar condições de traçar os planos e caminhos para atender os diversos públicos da organização com informações pertinentes às atividades deles.

A identificação das necessidades de informação da organização e dos usuários é fundamental para que possam ser desenvolvidos produtos de informação e/ou na formação do acervo de interesse. Esse é o primeiro passo para que a informação seja útil para a organização e os usuários tenham a oportunidade de aplicá-la em benefício dessa organização.

Uma empresa em plena atividade, naturalmente, tem algumas dessas determinações, como missão, visão, objetivos, fatores críticos de sucesso, metas e planos operacionais, que são excelentes indicadores do que se deve buscar no meio externo para melhor informar seus usuários. Logo, esses fatores são essenciais para a montagem do mapeamento das necessidades de informação. Os planos de investimento também são fundamentais, pois apontam para o futuro da organização e para caminhos a serem analisados pelos profissionais da informação.

Para montar um mapeamento de necessidades de informação, é muito comum desvendarem-se apenas necessidades dos usuários. O usuário, naturalmente, tem sua importância no processo e deve ser valorizado por isso, mas ele não pode ser considerado, no primeiro momento, o fator determinante para a montagem do plano de informação. Naturalmente, os usuários devem ser consultados, algumas vezes entrevistados, ou participar de enquetes via questionários, com o objetivo de determinar suas carências e anseios de informação para melhor executar seu trabalho na organização. Entretanto, existem outros fatores fundamentais no mapeamento de necessidades de informação, como a missão, a visão, os objetivos estratégicos, as metas e os planos operacionais da organização.

Existe risco de fracasso e de insatisfação quando se realiza o levantamento de necessidades de informação dos usuários, em todos os níveis na empresa, utilizando os instrumentos de entrevistas e questionários sem o conhecimento do que é prioritário do ponto de vista da visão, da missão, do negócio e dos objetivos da empresa.

O importante é analisar a empresa detalhadamente e procurar relacionar os usuários que poderiam ser beneficiados de alguma forma com os produtos e serviços de informação. Esse é o primeiro passo para formar o quadro dos principais interesses de informação da empresa.

O mapeamento de necessidades dos usuários é, talvez, a parte mais complexa na montagem do plano de informação. Construir e aplicar questionários não é tarefa fácil, e entrevistas dirigidas também são complexas. O risco no emprego de questionários consiste em o nível das respostas ser muito baixo ou ficar concentrado em certo grupo de pessoas. Nas entrevistas, o risco que se corre é das pessoas valorizarem excessivamente suas necessidades de informação. Com isso, corre-se o risco de montar produtos e serviços inadequados, gerar custos e, naturalmente, trazer insatisfação dentro da organização.

Os profissionais da informação precisam ter conhecimento da realidade de sua organização, dos seus produtos e serviços, dos planos de curto, médio e longo prazos, de seus mercados atuais e potenciais, dos prováveis concorrentes, etc. O conhecimento da dinâmica dos negócios da organização, das pessoas e das suas funções é essencial para a criação, a montagem e a implantação dos produtos de informação.

Além disso, outro aspecto que também deve ser considerado é o macroambiente externo. O meio externo determina, também, dados e informações básicos para se montar o perfil da informação como os ambientes mercadológico, concorrencial, tecnológico e legal.

Quem constrói e dissemina produtos de informação deve participar ativamente no dia-a-dia da empresa e ter conhecimento dos planos de futuro e do meio externo dela. Com isso, reduz-se a necessidade de fazer consultas e pesquisas de satisfação aos usuários, em curtos espaços de tempo, pois há condições de filtrar essas necessidades e saber do que a empresa precisa.

Para manter o mapeamento de necessidades de informação constantemente atualizado, os profissionais da informação devem ter comunicação direta com seus usuários, realizar pesquisas de satisfação dos seus produtos periodicamente e, ao perceberem lacunas ou novas frentes de trabalho, entrar em contato com esse público e realizar o levantamento de necessidades de informação para o assunto específico. É necessário que a organização seja esquadrinhada e deve-se procurar determinar que grupos de usuários poderiam ser beneficiados com possíveis produtos de informação.

Após conhecer o mapeamento de necessidades de informação da organização, ou seja, missão, objetivos, metas e planos operacionais, traça-se o que é relevante para o negócio, para o processo produtivo e os aspectos legais. Daí, deve-se partir para o levantamento de necessidades dos usuários de acordo com o enfoque estabelecido, que é o motivo da existência da empresa. A partir desse momento, o usuário passa a ser a figura central no levantamento de necessidades e na indicação dos produtos e serviços de informação a serem construídos para apoiá-lo no seu trabalho, tanto nos momentos de tomada de decisão como no seu dia-a-dia. O mapeamento das necessidades de informação deve procurar assegurar-se do que é mais importante para cada público-alvo. Só assim será possível planejar com menor probabilidade de erro o lançamento de produtos de informação e a seleção das fontes de informação de acordo com as exigências e expectativas de cada público-alvo detectado.

Num produto de informação planejado, organizado e implantado com todas as informações extraídas da organização, dos usuários e do ambiente externo, naturalmente, eles serão úteis e relevantes tanto para apoio à tomada de decisão como para manter as pessoas atualizadas, trazendo informação relevante e conhecimento para dentro da organização.

Agora, para se tomar a decisão de construção de produtos de qualidade em informação, é necessário assegurar-se do mapeamento de necessidades realizado, tanto da empresa quanto dos usuários. Os produtos de informação devem ser visualmente dinâmicos e atraentes, devem evoluir e se adaptar às mudanças que ocorrem na empresa e estar consoantes às necessidades de informação.

Em organizações que já possuem produtos de informação estabelecidos realizar pesquisa de necessidades de informação traz maior facilidade para projetar essas necessidades, baseando-se em sugestões, críticas e novas proposições com base em uma situação real. Realmente, é muito mais fácil para os usuários fazer considerações pertinentes baseando-se em um produto de informação já existente.

A Figura 2 sintetiza a seqüência ou os caminhos que definem bem as várias etapas a serem perseguidas para se ter um seguro mapeamento de necessidades de informação da organização. É possível ter outras fontes de informação além das citadas e também não é preciso ter todas as etapas indicadas, mas a filosofia de investigar primeiro as necessidades da organização e, logo depois, as dos usuários, facilitará a montagem do mapeamento.

Figura 2 – Mapeamento das necessidades de informação

```
           Mapeamento das necessidades de informação
          ┌────────────────────┼────────────────────┐
   Missão e visão,        Plano anual de         Anseios e
  objetivos e metas,    comercialização e     necessidades dos
  fatores críticos de        produção         usuários (clientes)
       sucesso           Plano de gerência
```

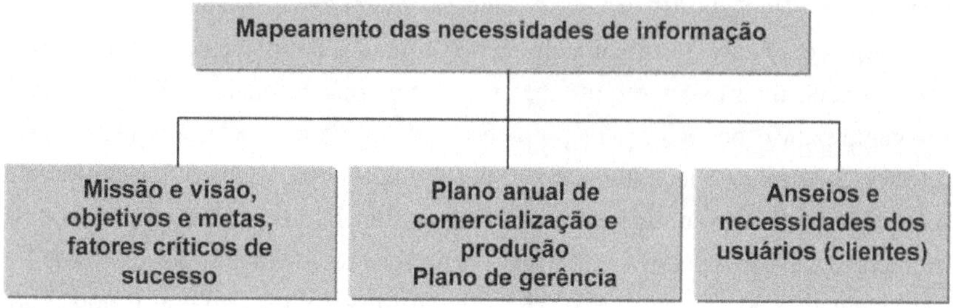

• **Exemplo de mapeamento de necessidades de informação**

Este mapeamento de necessidades de informação foi realizado com o corpo gerencial de uma empresa do Sistema Usiminas, em um período em que já existiam vários produtos de informação em sua *Intranet*.

A pesquisa de mapeamento pôde ser realizada de forma direta pelo fato de já existirem vários produtos de informação de conhecimento e uso pelos usuários. O objetivo com esta pesquisa foi verificar o nível de atendimento e satisfação dos usuários do corpo gerencial, dando oportunidade aos respondentes de manifestar seus desejos e anseios não atendidos.

Nesse caso, foi possível ter apenas cinco questões para os usuários responderem. Isso é fundamental para se obter melhor retorno dos usuários. O índice de retorno obtido nesta pesquisa foi de 62% dos questionários enviados ao corpo gerencial.

Após a tabulação dos resultados da pesquisa deve-se realizar um programa de ação para procurar atender às solicitações dos usuários que sejam possíveis de acordo com a realidade da empresa e dos profissionais da informação. Deve-se divulgar o programa de ação com cronograma de execução e, ao longo do tempo, das implementações.

Veja-se, a seguir, um exemplo de questionário/resposta para pesquisa de necessidades de informação para o nível gerencial. Após apuração, o resultado da pesquisa é enviado pelo correio eletrônico a todos os gerentes dessa empresa, independentemente de sua participação como respondente.

PESQUISA DE NECESSIDADES DE INFORMAÇÃO GERENCIAL/2001

1) Que tipo de informação você utiliza ou necessita para o desempenho de suas funções?

- ❏ Notícias conjunturais
- ❏ Estatísticas econômicas
- ❏ Estatísticas de siderurgia e preços de aço
- ❏ Análises setoriais
- ❏ Artigos de revistas
- ❏ Outros: _____

2) Como e onde você consegue as informações para o desenvolvimento/aprimoramento de seus trabalhos?

- ❏ Jornais
- ❏ Revistas especializadas
- ❏ *Intranet* da Empresa
- ❏ Clientes/Fornecedores
- ❏ Outros: _____

3) Existe carência de informações para sua gestão no desenvolvimento do trabalho?

- ❏ Sim
- ❏ Não

Quais? _____

4) O que você gostaria que a PSN informasse ou disponibilizasse?
_____

5) Qual(is) a(s) melhor(es) forma(s) de levar a informação até você?

- ❏ *E-mail*
- ❏ Fax
- ❏ *E-mail* – via Secretária
- ❏ *Intranet*
- ❏ Outros: _____

PESQUISA/RESULTADO

Foram distribuídos 96 questionários aos gerentes da Empresa. Foram recebidas 42 respostas, o equivalente a 44% do total.

1) Que tipo de informação você utiliza ou necessita para o desempenho de suas funções?

	Comercial	Desenvolvimento	Finanças	Produção	PRE	Total
Notícias conjunturais	5	4	2	7	10	28
Estatísticas econômicas	3	3	4	4	5	19
Estatísticas de siderurgia e preços de aço	7	4	1	3	4	19
Análises setoriais	8	1	1	7	5	22
Artigos de revistas	5	4	3	10	9	32

Outros

- Tecnologia
- Artigos e/ou publicações ligadas à Logística, ao Transporte e ao atendimento ao cliente
- Livros especializados
- Gestão pessoal
- Comportamento
- Siderurgia
- Avanços na aplicação da instrumentação na siderurgia
- Informação sobre a concorrência
- Artigos técnicos
- Desenvolvimento organizacional
- Recursos humanos
- Informática

Comentário

Houve equilíbrio nas necessidades de informação, demonstrando que os gerentes consultam e utilizam todos os tipos de informação ofertados.

Análises setoriais tiveram alta pontuação e é um aspecto a ser estudado pelo setor de informação.

Em "Outros", merece destaque a solicitação de mais informação sobre logística e concorrência.

No restante, acredita-se que o setor de informação já atenda e, talvez, fosse necessária maior divulgação para os usuários.

2) Como e onde você consegue as informações para o desenvolvimento/aprimoramento de seus trabalhos?

	Comercial	Desenvolvimento	Finanças	Produção	PRE	Total
Jornais	8	2	4	6	8	28
Revistas especializadas	6	4	3	12	11	36
Página da PSN	7	3	2	9	7	28
Clientes/Fornecedores	3	4	0	6	2	15

Outros

- Edições especializadas
- Diário Oficial
- Site da Comissão de Valores Mobiliários (CVM)
- Sites da *Internet*
- Livros técnicos
- Instituições de classe
- *News letters* (via *e-mail*)
- Palestras
- Usinas siderúrgicas
- Participação em encontros e seminários com empresas de transporte e logística
- Reuniões internas na empresa
- *Internet*
- Por meio de assistência técnica ou visitas à empresa de siderurgia
- Agências de notícias *on-line*
- Outras empresas

Comentário

A coleta de informação dos gerentes é a tradicional e grande parte é nutrida pela PSN por meio de revistas e da sua página na *Intranet*.

Em "Outros", são citados mecanismos fornecidos pela PSN.

3) Existe carência de informações para sua gestão no desenvolvimento do trabalho?

	Comercial	Desenvolvimento	Finanças	Produção	PRE	Total
Sim	1	1	2	1	2	7
Não	8	4	2	12	9	35

Quais

- Livros especializados
- Material técnico
- Revistas
- Material específico sobre detalhes e projetos em estruturas metálicas
- Concorrência
- Instrumentação
- Estratégia empresarial
- Gestão de mudanças
- Desenvolvimento organizacional
- informações internacionais
- Legislação fiscal, tributária em formato resumido e objetivo.

Comentário

Os gerentes demonstraram pouca falta de informação para o desempenho de suas funções.

O que foi considerado carência, grande parte já é proporcionada pela PSN. Necessita-se de maior divulgação dos produtos e serviços já existentes.

4) O que você gostaria que a PSN informasse ou disponibilizasse?

Área da Presidência

- Artigos sobre recursos humanos
- Notícias conjunturais
- Tabela de histórico de indicadores de inflação
- Artigos específicos de ação ambiental, tais como empresas certificadas com a ISO 14000
- Seleção de pessoal
- Treinamento
- Indicadores de desempenho de empresas similares à Usiminas

Área Comercial

- Logística
- Revistas *Exame, América Economia*
- *Gazeta Mercantil*

Área de Desenvolvimento

– Informações de atualizações efetuadas na página da PSN na *Intranet*
– Criar uma página de novidades no site da PSN

Área de Finanças

– Maior número de títulos de livros técnicos especializados
– Informações selecionadas sobre ICMS e IPI

Área Industrial

– Mecanismo para reduzir a poluição informativa com instrumentos para busca de informação mais eficiente
– Envio por *e-mail* de informações referentes a assuntos selecionados pelo funcionário
– Monitoramento mais específico de concorrentes
– Manter banco de dados com informações seguintes
– O banco de dados de conclaves deve incluir informações sobre eventos que serão realizados nos anos seguintes e não apenas no ano corrente.
– *Benchmarking* em P&D para o setor siderúrgico (Brasil e exterior), incluindo recursos humanos, laboratoriais e financeiros.
– Acervo técnico de instrumentação

Comentário

São temas que a PSN terá que trabalhar para fortalecer e divulgar melhor o que já existe, além de criar estrutura para os temas novos.

5) Qual(is) a(s) melhor(es) forma(s) de levar a informação até você?

	Comercial	Desenvolvimento	Finanças	Produção	PRE	Total
E-mail	6	4	4	8	9	29
Fax	0	0	0	0	2	2
E-mail (via secretária)	1	1	0	0	3	5
Ícone da PSN na *Intranet*	6	3	2	7	4	20

Comentário

O melhor meio pelo qual os gerentes gostariam de receber informação é o correio eletrônico; em segundo lugar, o ícone da PSN.

A solução será utilizar as duas formas de envio, avaliando sempre a mais eficaz para cada caso.

Em "Outros", a PSN deveria reestruturar a apresentação do seu ícone na *Intranet* e organizá-lo também por assunto. Quanto à informação via boletins e relatórios em formato papel, desde 11/99 a PSN apresenta suas informações em boletins eletrônicos, no ícone da PSN.

Ações

- Divulgar, por gerência ou diretoria, como realizar levantamentos de informações utilizando o Banco de Notícias (NOT). Ajudará a suprir parte da análise setorial.
- Será necessário reunir com a Logística e Transportes para trocar idéias e informações de como melhor suprir o setor com informações que atendam às suas necessidades.
- Procurar divulgar PERMANENTEMENTE seus produtos & serviços para toda a comunidade do Sistema Usiminas.
- Estudar a melhor forma de utilizar o *e-mail* como veículo de divulgação de informações.
- Disseminar para todos os gerentes a Dinâmica da Concorrência.
- Reunir com o setor de instrumentação para análise de atendimento de suas necessidades.
- A PSN estudará a possibilidade de apresentar também no seu ícone o acesso às informações por assunto, por exemplo: RH, tecnologia, mercado e produtos, insumos, etc.

Fontes de informação

Atualmente, uma grande dificuldade existente nas organizações é a seleção conveniente das suas fontes de informação, tanto para os aspectos do negócio quanto para o dia-a-dia, para atender às suas necessidades.

Sapiro (1993) afirma que uma escolha acertada das fontes de dados é crítica para a coleta e a classificação das informações. A análise de dados coletados e classificados tornará as informações valiosas para o usuário no processo decisório. Com isso, as grandes empresas estão gastando mais dinheiro do que nunca na obtenção de informações.

Fontes eficientes de informação contribuem efetivamente para uma organização, facilitando a coleta de informação, preservando e disseminando as informações externas. Essas informações referem-se, normalmente, a concorrentes e mercados, aspectos legais e normativos dos clientes e fornecedores, e, a cada dia, o volume de novas informações e fontes aumenta.

As fontes selecionadas devem ser monitoradas continuamente. O ambiente de negócios muda tão rapidamente quanto surgem novos serviços e fontes, o que gera a necessidade de revisão periódica do acervo.

Com o desenvolvimento da tecnologia da informação (TI) e do fortalecimento do uso da *Internet*, as opções e a proliferação de novas fontes cresceram vertiginosamente e tornaram complexa a otimização do acervo.

O acervo da empresa deve ser montado focando-se nos aspectos de sua missão e visão, nos objetivos estratégicos, nas metas, nos planos de investimento, etc., para que as fontes de informação selecionadas sejam voltadas para o seu objetivo empresarial. Nesse foco deve-se concentrar o maior número de publicações, procurando ter uma diversidade de fontes para melhor acompanhar os acontecimentos e dar opção de informações para a tomada de decisão.

Davenport (1998) diz que a ausência de diversidade nas fontes de informação é, provavelmente, o fator principal que provoca pontos cegos na investigação do ambiente. Se empresas obtêm todo o seu acervo apenas de fontes aceitáveis, conservadoras ou oficiais, provavelmente, seus empregados verão muito pouca alteração no ambiente externo.

O mercado mundial de informação é vasto e cresce em ritmo acelerado. Existem milhares de bancos de dados *on-line* e milhões de fontes na *Web*. Na década de 1990, houve o início de expansão do volume e da variedade disponível de informação na *Internet*. Atualmente, o número crescente de empresas, órgãos governamentais, associações, universidades e indivíduos que oferecem informações pela *Internet* transformam-na em ferramenta fundamental. Com a *Internet*, ganhou-se qualidade, produtividade e diversidade.

Existe um pensamento de que as informações existentes na *Internet* são gratuitas ou de muito baixo custo. As organizações, entretanto, não podem ficar à mercê apenas do que é disponibilizado na rede. Hoje em dia, a maioria dos bancos de dados eletrônicos que existiam por assinatura ou CD-ROM está disponível na *Internet*, mas continua com seu caráter comercial.

As informações existentes na *Internet* têm seus problemas e os usuários devem ficar bem atentos. Algumas vezes, tem-se dificuldade em avaliar sua confiabilidade, pelo fato de a fonte ou a reputação da instituição que a fornece ser desconhecida. Alguns documentos não indicam datas, autoria e nem origem. Um documento disponível na rede pode ser retirado a qualquer momento ou sofrer modificações ao longo do tempo. Por isso, conhecer e lidar permanentemente com as fontes de informação são fatores essenciais para se ter confiança no que está sendo disponibilizado para a organização.

A equipe de informação, ou os profissionais da informação, deve monitorar constantemente as fontes externas, analisando sua credibilidade e sua adequação, mantendo contato com entidades especializadas, editoras e estabelecimentos afins em todo o mundo e formando um acervo especializado de alto nível que lhe permita obter dados confiáveis e permanentemente atualizados.

Esse acervo deve ser otimizado, pelo menos anualmente, com os usuários, mediante consulta para validação de renovação de cada periódico e banco de dados. A própria equipe de informação deve participar dessa avaliação, baseando-se na utilização efetiva das fontes bibliográficas. Por ter contato permanente de negócios com fornecedores de informações, os profissionais da informação recebem constantemente ofertas de novas fontes, que devem ser analisadas em profundidade, fazendo com que, cada vez mais, haja fontes confiáveis e estratégicas para disseminar e disponibilizar o conhecimento, na organização.

Uma ótima fonte de mapeamento de periódicos que pode ser utilizada é a publicação *Ulrich's International Periodicals Directory*, com informações sobre periódicos editados em todo o mundo. Contém cerca de 200 mil títulos de publicações, de periodicidade regular e irregular, oriundos de cerca de 200 países.

Atualmente, para aquisição e busca de artigos de periódicos, quando não se tem o título no acervo, podem ser utilizadas várias ferramentas – por exemplo, os catálogos coletivos, onde são listados os títulos dos periódicos que existem nas bibliotecas brasileiras conveniadas e, naturalmente, as pesquisas na *Internet*, utilizando os buscadores. Essas são algumas das soluções existentes no mercado de informação.

É uma realidade o uso permanente de bancos de dados nas organizações. Eles estão disponíveis em quase todos os assuntos, sejam eles tecnológicos, comerciais, estatísticos, jurídicos, regulamentadores, etc. A grande dificuldade é selecionar os de melhor conteúdo, atualidade, respeitabilidade e, naturalmente, com custos compatíveis, para serem disponibilizados para os usuários.

Vêm surgindo novas fontes de informação para competir com as tradicionais, ofertando uma gama enorme de bancos de dados. Outro fenômeno que está acontecendo é o surgimento de bancos de dados oficiais ou governamentais, ofertando seus indicadores e produtos, muitas vezes, de forma gratuita.

Atualmente, a pesquisa em bancos de dados é uma constante em qualquer busca de informações para negócios, dada sua velocidade de atualização. Outra vantagem é a velocidade de recuperação de dados em um banco bem estruturado, com históricos que facilitam os estudos mais profundos, sendo possível fazer buscas simultâneas em vários bancos. Uma das maiores dificuldades no uso de bancos de dados é o seu alto custo, tanto para ser criado e desenvolvido quanto para ser adquirido ou acessado.

A seleção e o uso das fontes para a aquisição de informação precisam ser planejados e continuamente monitorados e avaliados como qualquer outro recurso vital da organização. A variedade da informação deve ser administrada de modo que as informações coletadas reflitam a complexidade do ambiente, sem sobrecarregar os usuários com excesso de informação (Choo, 1998). É essencial a participação dos usuários na indicação e na manutenção das fontes de informação.

Os congressos são excelentes fontes de informação. Normalmente, os autores de trabalhos publicam seus desenvolvimentos em congressos, seminários, encontros, etc. Adquirir e divulgar os anais dos congressos importantes para a sua organização é uma ótima maneira de trazer informações em primeira mão e a baixo custo.

Deve-se praticar a compra regular de congressos. Os eventos tradicionais que se realizam anual, bianual e trianualmente, se são solicitados freqüentemente pelos usuários, devem passar a ser comprados automaticamente. As aquisições devem ser feitas preferencialmente no formato eletrônico. A mesma prática deve ser adotada para a compra de anuários e diretórios.

Fontes de informação baseadas em relatórios publicados pelas empresas de consultoria de apoio aos investidores são úteis no acompanhamento de empresas de capital aberto. Os relatórios, normalmente, cobrem visões de mercado e de atuação das organizações. São gerados relatórios semanais, mensais e/ou trimestrais, cobrindo os aspectos de determinado setor, o desenvolvimento das principais empresas do setor e sempre com uma visão de curto e médio prazos.

Normas técnicas têm fundamental importância no comércio nacional e internacional de produtos industriais. A maioria dos países possui órgãos que preparam e publicam normas em nível nacional, mas existem as normas que têm caráter mais amplo e que são referências para todas as organizações do mundo, como as normas da ASTM, DIN, SAE, BSC, AFNOR, ASME, JIS, etc.

Para conviver nesse meio complexo, torna-se necessário ter ampla experiência em lidar com as entidades normativas em todo o mundo. É vital conhecer a mecânica de cada entidade normativa, como atualizar as normas técnicas de interesse em tempo hábil, como manter a sua organização permanentemente atualizada com as normas de uso permanente, garantindo que seja utilizada, sempre, a sua última versão.

Há entidades voltadas para a atualização das normas utilizadas na área industrial. Elas vendem e disponibilizam um banco de dados *on-line* que informa todas as alterações e cancelamentos de normas técnicas de centenas de entidades de todo o mundo – IHS e ILI Infodisk Inc. Além disso, dezenas de catálogos fornecidos por entidades normativas podem ser utilizados. No Brasil, são usados o Sistema CEWIN (Controle Eletrônico de Normas Brasileiras e do Mercosul) e o Instituto de Pesquisa Tecnológica (IPT), via Setor de Informação sobre Normas Técnicas (INTec).

Agora, para realizar um controle adequado e seguro de normas técnicas de interesse da organização, torna-se necessário construir um banco de dados bem simples de acompanhamento permanente de normas técnicas, que pode ser disponibilizado na Intranet *e no Portal Corporativo da empresa.*

Para organizações de médio e grande portes, selecionar e organizar um acervo conveniente com fontes de informações confiáveis, custos compatíveis e diversificação adequada é fundamental, pois delas se originarão a matéria-prima para a tomada de decisão, o apoio a estudos, as informações para o uso no dia-a-dia, etc. Pode-se afirmar que um bom gerenciamento das fontes de informação constitui um dos fatores preponderantes no sucesso da organização em seu mercado de atuação.

Os profissionais da informação têm de estar permanentemente atentos às fontes de informação existentes no mundo. *Os produtos e serviços de informação gerados têm de ser um diferencial do que já existe no mercado para venda, e isto só será possível com a aquisição de fontes de informação estratégicas.* É vital a percepção de que, a partir do momento em que o mercado editorial disponibiliza para venda um produto de informação confiável, este é o momento de parar de gerar essa informação na empresa e adquiri-la. Os esforços que eram feitos para esse produto devem ser canalizados para outro que agregue valor para os usuários e a organização.

Uma certeza nas atividades dos profissionais da informação é de que devem pesquisar e acompanhar continuamente a credibilidade de suas fontes. A tendência natural na aquisição de fontes de informação é centrar-se nas publicações que cobrem o *core business*, mas não se pode esquecer de outras funções que necessitam delas também.

Áreas consideradas de apoio ao negócio da organização necessitam de fontes de qualidade e atualidade quanto às áreas técnicas e comerciais. A diferença só deve existir na criação e na montagem de produtos de informação próprios, que deve ser focada nas áreas ligadas diretamente a influenciar os resultados do negócio. A aquisição de fontes de informação deve procurar atingir a todos os segmentos da organização.

Já no caso de compra de estudos de mercado e tecnológicos desenvolvidos por entidades independentes de informação que são de alto custo, deve-se procurar patrocinador dentro da empresa que assuma o custo deles. Esses estudos são adquiridos de acordo com o momento que a organização está passando e necessitando de algum estudo específico. Esses trabalhos, normalmente, são adquiridos de entidades de consultoria com alta credibilidade e, muitas vezes, tradição na geração de estudos e pesquisas de qualidade.

Mais uma vez, pode-se afirmar que é essencial a participação dos usuários na indicação e manutenção das fontes de informação, e para isso, deve-se consultar religiosamente a opinião e a satisfação deles com as fontes. Pode-se criar uma rotina de enviar uma mensagem aos usuários interessados solicitando a validação ou não na renovação, nunca se esquecendo de indicar o custo dela, indagando o interesse deles e se a relação custo x benefício justifica sua continuidade.

Com um mapeamento bem executado de necessidades de informação na organização torna-se mais fácil encontrar as melhores fontes de informação para atendê-la. A escolha das fontes de informação para serem assinadas/adquiridas exige um conhecimento das entidades geradoras de informação de modo a ter certeza de sua credibilidade e seriedade.

Como as fontes de informação vêm crescendo exponencialmente em termos de quantidade e graus de especialização, torna-se imprescindível a planificação para sua escolha na procura de atender às necessidades da organização.

Veja-se uma síntese do que se deve procurar praticar na seleção de fontes de informação:

- O profissional da informação deve identificar, para os diversos assuntos, quais entidades são de interesse da organização para, então, analisar e escolher seus veículos de informação, bem como todas as publicações disponíveis no seu campo de atuação, sempre se baseando no mapeamento de necessidades de informação.
- É preciso identificar as melhores fontes de informação de interesse da organização. Procurar as melhores informações, mais confiáveis, de melhor nível e mais adequadas ao uso da empresa, como dados estatísticos, notícias, estudos técnicos, análises econômicas ou inovações tecnológicas, sempre com a visão da garantia de seu fluxo permanente.
- Monitorar constantemente as fontes de informação, analisar sua credibilidade e adequação, manter contato com entidades especializadas, editoras, etc., em todo o mundo, procurar formar acervo especializado de alto nível que permita obter dados de relevância e credibilidade, os quais devem ser permanentemente atualizados.
- O acervo deve ser, preferencialmente, otimizado anualmente junto ao seu público-alvo e à equipe de informação, através de consulta direta, procurando-se validação para sua continuidade.
- Na montagem do acervo da organização, deve-se levar em consideração os aspectos de sua missão e visão, objetivos estratégicos, metas, planos de investimento, etc., para que as fontes de informação selecionadas sejam voltadas para o seu objetivo empresarial.
- O maior número de aquisições de publicações deve concentrar-se no foco da organização, procurando-se ter diversidade de fontes para melhor acompanhar os acontecimentos e dar opção de informações na tomada de decisão.
- Os usuários devem ser consultados por meio de pesquisa e contatos diretos. Ao longo do tempo, a opinião dos usuários é chave para a continuidade das fontes existentes no acervo.
- Utilizar a *Internet* como fonte de informação é primordial, pois ela é um veículo poderoso de informação, com um número crescente de empresas, órgãos governamentais, associações, universidades e indivíduos.
- Os bancos de dados externos estão ganhando força como fontes confiáveis e atuais.
- Na seleção das fontes de informação, deve-se ter atenção em traçar critérios de balanceamento na obtenção delas. O equilíbrio do acervo é fundamental e as fontes de informação têm de refletir o momento pelo qual a organização está passando.
- É necessário monitoramento constante das fontes de informação, analisando sua credibilidade e sua adequação, mantendo contato com entidades

especializadas, editoras, etc., em todo o mundo, para que se forme um acervo especializado de alto nível.

- É essencial a participação dos usuários na indicação e na manutenção das fontes de informação, procurando-se validar, ou não, a renovação e atentando-se para o custo, o interesse e a relação custo x benefício.
- Fontes de informação de alto custo merecem tratamento especial na análise de seu uso, na organização. Existem estudos ofertados por entidades independentes que podem prestar apoio em decisões de mercado ou na definição de compra de equipamentos ou processos. Nesse caso, a análise da relação custo x benefício é essencial. É preciso conhecer as entidades e atentar-se para o que está sendo ofertado.

Concluindo, os profissionais da informação têm de estar permanentemente atentos às fontes de informação existentes no mundo. Caso a organização esteja produzindo produtos de informação, eles devem ter um diferencial do que já existe no mercado para venda.

Uma coisa é certa: os profissionais da informação devem pesquisar continuamente a credibilidade de suas fontes. A tendência natural na aquisição de fontes de informação é centrar nas publicações que cobrem o *core business*, mas não se pode esquecer de outras funções que necessitam delas também.

Aquisição de fontes de informação

Adquirir fontes de informação é uma tarefa especializada e que necessita ser feita por profissionais qualificados, que tenham conhecimento do mundo editorial e sejam persistentes na busca das publicações solicitadas pela organização.

A aquisição de fontes de informação tornou-se uma função crítica e cada vez mais complexa da administração da informação. As necessidades de informação da organização são muitas, refletindo a extensão e a diversidade de suas preocupações com os acontecimentos e mudanças do ambiente externo.

O ideal é ter um orçamento anual aprovado pela direção da organização para a aquisição de informação e um profissional da informação atuando como gerenciador das necessidades de todos os usuários e controlando os custos. Para isso, é necessário possuir um controle que registre os gastos anuais por cada área e, com o passar dos anos, tem-se a média de gasto por setor. Daí, pode-se monitorar os gastos pelo histórico de cada setor.

No caso de pedido de compra de fontes de informação de alto custo, deve-se verificar a pertinência do assunto com o cargo do usuário e da sua área de atuação; confirmar a ciência do pedido com a área; ofertar opções de publicações existentes no acervo relativos ao mesmo assunto, verificando se isso não cobriria as necessidades; e apresentar o custo da aquisição. Seguidos esses passos, o pedido seria atendido, desde que esteja de acordo com o orçamento programado para o setor.

O aumento do acervo deve ser bem analisado e a aprovação de novas aquisições, principalmente de novas assinaturas, deve ser bem criteriosa, pois o mercado de informação oferece uma infinidade de produtos e, se não houver uma avaliação adequada, o custo torna-se proibitivo para qualquer organização. Deve-se ter atenção com as fontes de informação mais dispendiosas, e os bancos de dados externos fazem parte dessa lista.

Outro aspecto a ser considerado é a centralização do sistema de compras de publicações, pois pode trazer uma série de vantagens, a saber:

- permite controle eficaz do gasto com informação, facilitando o planejamento do orçamento anual;
- evita a repetição de assinaturas de periódicos e compras repetidas de livros, publicações avulsas, etc.;
- permite harmonização, e não igualdade dos gastos por área.

Produtos de informação

Deve existir preocupação constante com a busca da melhor forma para se apresentar a informação pelo profissional da informação. É fundamental que a informação disseminada tenha seu valor percebido pelos usuários.

Para Davenport (1998), deve-se adequar o estilo e a adaptação da linguagem a outras técnicas para melhor apresentar a informação e potencializar o uso dela pelos usuários por meio da contextualização e condensação na construção de seus produtos de informação. Contextualizar a informação geralmente implica compará-la com o histórico que a envolve. Já a condensação exige o discernimento do que deve ou não ser disseminado na organização. São dois aspectos importantes exigidos do profissional da informação para melhor construir seus produtos de informação.

Para melhor organizar e facilitar o entendimento de como construir produtos de informação e retratar suas características individuais, daqui para frente, vamos dividi-los e classificá-los em quatro categorias:

- *Referencial* – dissemina informações selecionadas de periódicos, publicações avulsas, congressos, etc., em diversas fontes de informação.
- *Noticioso* – dissemina informações em forma de notícias, análises e sínteses, de agências de notícias, periódicos eletrônicos ou não, entidades de consultoria, etc.
- *Analítico* – dissemina análises de perspectivas e previsões nos temas do "core business" da organização.
- *Estatístico* – dissemina índices e indicadores, selecionados e coletados em diversas fontes de informação – *Internet*, publicações estatísticas, entidades geradoras de índices, etc.
- Os produtos referenciais quase sempre são os primeiros a serem construídos nas organizações, nascendo quase intuitivamente. Os boletins referenciais abordam informações com indicação e apresentação de artigos de periódicos de maior relevância, livros, normas técnicas, patentes, teses, congressos, etc., para conhecimento do seu público-alvo.

- Os boletins noticiosos têm conteúdo voltado para atualidades e tendências, principalmente, informações comerciais, tecnológicas, gestão de pessoas, legais, financeiras e ambientais.
- Os boletins analíticos são voltados para o negócio da organização – mercado, oportunidades, matérias-primas, fornecedores, clientes e concorrentes.
- Os boletins estatísticos estão voltados para indicadores da economia e do setor em que a organização atua.

A forma de apresentação da construção dos produtos de informação será desenvolvida de modo a oferecer condições para analisar e estudar individualmente cada tipo de produto que pode ser adotado por qualquer organização. Muitas vezes, a busca das organizações é por um produto de informação de acordo com suas condições, seja financeira, adequada ao seu porte, seja uma necessidade do momento. A opção pode ser a construção do mais simples dos produtos referenciais ou, então, partir de imediato para construir produtos complexos, como os analíticos, para cobrir uma necessidade de informação premente. Por isso, adotou-se a metodologia de analisar a construção dos produtos de informação relativa a cada tipo de produto. Naturalmente, sempre se lembrando da importância de levar em consideração o respeito à cultura da organização.

Por isso, a proposta aqui apresentada tem o objetivo de atingir ou de ser utilizada por *qualquer tipo e/ou tamanho de organização* e a análise ou decisão final da sua aplicação, ou não, deve caber a um profissional da informação ou a uma equipe de profissionais da informação que tenha condições de perceber o que é possível construir com os recursos disponíveis ou com os que podem ser adquiridos ou alcançados.

Existe uma seqüência básica a ser seguida na construção dos produtos de informação, mas ela dependerá muito do resultado dos levantamentos de necessidades de informação e da caracterização do público para o qual tais produtos serão úteis na sua organização.

Normalmente, as informações referenciais e estatísticas dão a impressão de serem as mais fáceis e naturais de ser construídas, mas essa realidade é mais para um setor de informação do que para outras áreas. Já as informações analíticas têm uma característica mais apropriada para áreas de estudo como marketing, planejamento estratégico ou financeiro, o que não as impede de pertencer a um setor de informação. O noticioso, inicialmente, parece pertencer aos setores de informação e comunicação, o que, também, não impede que outras áreas tentem praticar esse tipo de informação.

No caso dos produtos analíticos, eles são normalmente lançados por uma equipe de informação que tenha experiência e respaldo da organização. Podem ser lançados pela força de uma área funcional, como marketing, planejamento estratégico, etc. Os produtos estatísticos são geralmente reflexos das necessidades constantes dos usuários para melhor executar seu trabalho, utilizando os dados estatísticos no seu dia-a-dia para apoiar seus trabalhos de análise e tarefas diárias.

O Quadro apresentado a seguir é um exercício que procura apresentar exemplos de quais as áreas de maior vocação para construir produtos de informação em uma organização.

Quadro 1 – Possíveis setores responsáveis para cada tipo de produto de informação

	Referencial		Noticioso		Analítico	Estatístico	
	B	BD	B	BD	B	B	BD
Área de Informação	XXX	XXX	XX	XX	XX	XXX	XX
Marketing	X	0	XX	XX	XXX	X	XX
Planejamento Financeiro	0	0	X	0	XX	X	XXX
Planejamento Estratégico	X	X	X	X	XX	0	X
Centro de Pesquisa	XX	XX	XX	0	X	0	X
Engenharia	XX	X	X	0	X	0	X
Comunicação Social	XX	X	XX	X	0	0	0
Recursos Humanos	XX	X	XX	X	X	X	XX

B – Boletim
BD – Banco de Dados
XXX – Forte
XX – Médio
X – Baixo
0 – improvável

É preciso que as organizações tenham políticas bem definidas e, se possível, arrojadas para construir produtos de informação, sempre com visão de longo prazo, para definir a que público cada produto deve ser dirigido. A execução de construção dos produtos envolve vários tipos de dificuldades, como levantamento das informações a serem supridas, escalas de prioridade, abertura de canais de veiculação, motivação de usuários, sistema de *feedback*, formação de equipe de bom nível para viabilizar o projeto, racionalização na aplicação de recursos e outros.

Essa é a pauta que deve ser seguida para propor uma montagem de parâmetros para a construção de produtos de informação sem ser dirigida especificamente para qualquer tipo de organização ou setor. Naturalmente, essa visão está mais voltada para o campo empresarial, mas isso não invalida sua utilidade em outros campos de atuação. Os exemplos apresentados pertencem à gestão da informação do Sistema Usiminas.

Boletins

Nas palavras de McGee e Prusak (1994), embora seja relativamente simples criar um sistema de informações externas baseado em necessidades predeterminadas, a complexidade do sistema aumenta consideravelmente quando se tenta antecipá-las. É isso, entretanto, que muitos dos sistemas de informações devem tentar conseguir se pretendem alcançar um valor estratégico.

A antecipação da demanda de informação, numa organização, principalmente nas de médio e grande porte, é fundamental e de relevância para o desempenho das funções dos especialistas em suas diversas áreas. E para ela acontecer é necessário que se tenha passado por várias etapas: conhecer as necessidades de informação do negócio, ter um plano de informação, realizar o mapeamento de necessidades de informação com os usuários, possuir fontes de informação relevantes, trocar experiências e informações com as gerências e especialistas. Essa antecipação é útil no desenvolvimento dos trabalhos do dia-a-dia e para tomada de decisão por parte dos usuários.

Normalmente, utilizam-se boletins para fazer a antecipação da demanda de informação nas empresas. Os boletins permitem seccionar, por público-alvo, as informações a serem divulgadas. Se as necessidades de informação da organização são antecipadas com inteligência, há um menor número de atendimentos personalizados e repetitivos que apenas provocam perda de tempo. Portanto, a antecipação da informação significa solução e simplificação organizacional. A *Intranet*, hoje, uma realidade: leva informações a todos os empregados de forma barata, simples e direta. Com isso, os boletins podem se tornar elos entre profissionais da informação e usuários.

Com a diminuição de custo e a forte evolução das soluções de informática nos últimos anos e a globalização econômica tendo influência em todas as áreas, ficou mais fácil criar e desenvolver produtos de informação para atender às necessidades específicas de uma organização. A *Intranet* e o Portal Corporativo vieram facilitar ainda mais a disponibilização e a disseminação de produtos de informação. Com a difusão da *Intranet* e do Portal Corporativo, tornou-se mais fácil levar informações a todos os empregados de forma econômica, simples e direta, porém é necessário praticar com competência a disseminação e a divulgação dos produtos de informação.

A experiência das organizações, ao longo do tempo, na viabilização da informação, mostra que o boletim tornou-se a melhor forma ou a mais econômica para construir e disseminar a informação externa. Mesas-redondas, grupos de trabalho, apresentações periódicas, etc., são outras formas de apresentar ou disseminar a informação e, normalmente, sempre têm um começo promissor, mas, ao longo do tempo, vão se esgotando e o interesse dos participantes diminui. Muitas vezes esses modelos e sua forma de apresentação tornam-se cansativos. Além disso, ainda há falta de tempo para comparecer a esses eventos, pela própria dinâmica da organização, o que dificulta a realização deles. O boletim, por suas características, tendo qualidade de conteúdo e forma, torna-se um veículo de sustentação e perenidade na disseminação de informação.

As áreas que obtêm sucesso na disseminação da informação quase sempre procuram editar boletins com o objetivo de antecipar necessidades de informação e trazer para os usuários as últimas novidades no âmbito dos negócios, da tecnologia e dos aspectos legais.

A criação de boletins exige dos profissionais da informação vivência e conhecimento da empresa em que trabalham. Os primeiros aspectos a analisar são: missão, objetivos estratégicos e metas da organização. Ficar centrado no foco do negócio é a meta a ser perseguida na construção de boletins. Como exemplo, uma usina siderúrgica tem seu foco principal de necessidades de informação dependente do momento em que está vivendo. Mas sempre existirão necessidades centradas no negócio – missão, objetivos e metas – que se pode chamar de *espinha dorsal da informação*. Na siderurgia, o monitoramento da tecnologia, do mercado de aço e de insumos é a sua espinha dorsal. Cada setor industrial tem suas peculiaridades, mas, normalmente, elas passam por esses três aspectos – tecnologia, mercado dos produtos e seus insumos. Ênfase maior deve ser dada a um desses tópicos, de acordo com o momento pelo qual a empresa está passando, e aí, sim, deve-se atribuir a prioridade adequada. Na fase de definição de expansão da organização, a tecnologia, os processos e equipamentos merecem atenção maior e, quando os aspectos mercadológicos estão dominando as ações da organização, logicamente, se voltam para os mercados dos produtos finais e suas matérias-primas, que exigem concentração de informações. Naturalmente, essas situações influenciam diretamente a otimização do acervo, atingindo as ações na aquisição de fontes de informação.

Isso não quer dizer que não se devam criar produtos de informação fora do eixo central da empresa, mas sinaliza para o fato de que a prioridade pertence a esse eixo. A construção de outros produtos de informação fora do eixo do negócio aponta para um refinamento da disseminação do que já foi construído. Quando as necessidades básicas de informação ainda não estão atendidas, a construção de produtos fora desse eixo determina a falta de visão e de conhecimento do objetivo principal da empresa.

Uma das grandes vantagens de um boletim é que ele, por ser uma publicação periódica, faz uma varredura permanente de acontecimentos e de perspectivas. As palestras, os encontros de grupos de trabalho tratam sempre dos acontecimentos atuais e de suas perspectivas, mas sem um sentido de continuidade e verificação.

A partir do momento em que se tem conhecimento e percepção da necessidade de informação no eixo central da empresa, a figura principal para construção e montagem dos produtos de informação passa a ser o usuário. Daí para frente, deve-se dialogar com os usuários, sempre na busca da melhor maneira de apresentar o conteúdo e a forma de apresentação dos produtos de informação, por meio de contatos diretos e pesquisa de satisfação.

Na construção dos boletins, a participação dos usuários é fundamental, pois a necessidade de criar um boletim vem de várias maneiras, mas a determinante é a que parte dos usuários. Como foi dito, é muito importante determinar as necessidades de informação da organização, que vêm de sua missão, metas, objetivos estratégicos, planos táticos e operacionais, mas os boletins devem ser criados mediante uma simbiose entre o profissional da informação e os usuários.

Os boletins, quando editados, devem ser o resultado de pesquisas exaustivas praticadas pelos profissionais da informação nas mais diversas fontes de informação existentes no mundo. Eles devem ser disseminados em função de sua pertinência, utilidade e novidade para determinado público-alvo e devem estar disponíveis aos usuários na *Intranet* e no Portal Corporativo para acesso a qualquer momento.

Os boletins devem nascer da vontade dos usuários, e os profissionais da informação devem procurar materializá-los. Os protótipos devem ser discutidos e aprimorados com o público-alvo da publicação. O boletim só deve ser lançado após aprovação do conteúdo, forma e periodicidade pelos usuários. Periodicamente, deve ser realizada pesquisa de satisfação com o púbico-alvo do boletim e aproveitar para levantar outras questões que podem, ou não, ser incluídas no boletim.

É importante a participação direta dos usuários e uma das técnicas é construir um protótipo de boletim quando surge a idéia e a percepção da necessidade de um conjunto de informações para atender a um grupo específico de usuários. Vários protótipos devem ser feitos e distribuídos para usuários do público-alvo, os quais devem ser discutidos e analisados até se chegar a um consenso quanto à sua validade e importância para o público-alvo e as necessidades da organização. Para se chegar a um consenso, são necessários, muitas vezes, várias reuniões e contatos, os quais também podem ser feitos por meio eletrônico com o grupo escolhido, além da construção de vários protótipos.

Após a fase de aprovação do boletim, deve-se preparar o primeiro número, com conteúdo coletado no tempo de sua periodicidade, para evitar um boletim muito denso, baseado nas principais informações dos protótipos já feitos e que não têm condições de se sustentar ao longo do tempo. Deve-se evitar cair na tentação de selecionar as melhores matérias dos vários protótipos e colocar no primeiro número da publicação.

A apresentação dos boletins, tanto na parte visual quanto no conteúdo, deve ser preocupação permanente e motivo de reuniões periódicas da equipe de informação. Deve-se sempre procurar ser simples e claro na redação dos textos. Utilizar recursos gráficos e criar um visual próprio.

Fuld (1986) dá uma série de conselhos úteis para edição de um boletim: mantenha um texto claro – um boletim curto e com linguagem clara é um boletim eficaz; use verbos na voz ativa; use o tempo presente sempre que possível; destaque os pontos fortes e fracos de um produto; use recursos gráficos para criar interesse; adicione cores.

Um dos pontos cruciais para os profissionais da informação é a determinação do público-alvo do boletim, que é vital para sua sobrevivência, pois é com base nele que se constrói as campanhas de divulgação, a verificação da sua validade e continuação. Deve-se criar um cadastro com os dados do usuário e tornar claro a todos que o recebimento do boletim é aberto e opcional. O correio eletrônico constitui, hoje, a melhor ferramenta disponível para divulgar um novo boletim ou produto de informação. Deve-se ter o cuidado de não transformar a divulgação do boletim em transtorno para os usuários. Anexar arquivos pesados e *e-mail*s longos é o caminho mais curto para perder seu público. O *e-mail* deve trazer o que de mais importante está referenciado no boletim, e não o arquivo que o contém. Deve-se, inicialmente, utilizar todas as ferramentas disponíveis na empresa para divulgar o novo produto de informação, como: procurar as áreas-alvo para apresentar o produto, divulgá-lo por meio de palestras em seminários internos e/ou criar condições para divulgação nas áreas-alvo, utilizar os recursos de *banner* na própria *Intranet*, colocar matérias nos jornais da empresa, criar cartazes, divulgar em murais, etc.

Atualmente, considera-se a forma eletrônica a maneira mais viável e econômica para manter boletins. A *Intranet*, hoje, tem enorme penetração e é normal que a quase-totalidade dos empregados trabalhe com computador em sua mesa. Um diretor, um gerente, um especialista e outros empregados têm acesso às mesmas informações externas, ficando por dentro do que está acontecendo, todos ao mesmo tempo. Estar informado passou a não ser privilégio de poucos – a *Intranet* e as ferramentas da tecnologia da informação trouxeram a democratização da informação.

A *Intranet* e o Portal Corporativo tornaram-se as maiores e melhores ferramentas para os produtos de informação. A disseminação e a divulgação da informação foram muito beneficiadas e houve fortalecimento dos produtos de informação junto aos seus públicos-alvo.

Deve-se sempre fazer divulgação do boletim direcionada ao público-alvo, e é primordial, periodicamente, realizar uma checagem da qualidade do seu produto mediante pesquisa de satisfação. Hoje, é possível realizar pesquisa de satisfação com maior facilidade, utilizando os recursos de informática, principalmente o correio eletrônico.

Deve-se tomar cuidado numa pesquisa de satisfação de boletins. Ela deve ser um questionário simples, de poucas perguntas e, de preferência, com questões fechadas. A grande preocupação dos questionários deve ser verificar a validade do conteúdo e sua importância na vida dos usuários. Caso seja interessante pesquisar a satisfação de vários boletins, o mais aconselhável é dividir a pesquisa por públicos-alvo, preocupando-se em não sobrecarregar um grupo de usuários, instando-os a responder a vários questionários.

Normalmente, o boletim é um veículo aceito na comunidade empresarial como o transmissor natural de informações externas de maneira sistemática e periódica. Quando disseminado junto ao público-alvo sistematicamente com informações pertinentes, tem a grande vantagem de vir formando idéias/opiniões, criando um corpo único e uma visão de mundo mais homogênea na empresa. Até a linguagem dos empregados torna-se mais compreensível por todos. As reuniões tornam-se mais fáceis de administrar, as pessoas se entendem melhor no trabalho do dia-a-dia. *Na construção de um boletim não se está à procura de uma homogeneização do pensamento, mas de uma visão crítica e harmônica do meio ambiente externo.* O que se quer é que os usuários estejam atualizados com o que está acontecendo no mundo e com o que influencia diretamente os negócios da organização.

Veja a seguir uma síntese dos principais aspectos que devem ser considerados na construção de boletins:

- A construção de boletins exige dos profissionais da informação vivência e conhecimento da empresa em que trabalham. Centrar-se no foco do negócio é o segredo a ser perseguido, e a ênfase maior deve ser dada àquilo que é vivido no momento pelo qual a empresa está passando.
- É fundamental a participação dos usuários na construção de boletins, com o mapeamento de necessidades de informação já conhecido e analisado. A construção de boletins exige uma simbiose entre os profissionais da informação e os usuários-alvo.
- Uma das técnicas que pode ser utilizada é construir um protótipo de boletim quando surge a idéia e a percepção da necessidade de um conjunto de informações para atender a um grupo representativo de usuários. Vários protótipos podem e devem ser feitos e distribuídos para usuários do público-alvo, discutidos e analisados até se chegar a um consenso sobre sua validade e importância para a organização. Para se chegar a um consenso são necessários, muitas vezes, várias reuniões e contatos.

- Após a fase de aprovação do boletim pelos usuários-chave, deve-se preparar o seu primeiro número com conteúdo coletado e selecionado no tempo estipulado para sua periodicidade.
- O boletim se mostra a melhor forma e a mais econômica para uma empresa construir e disseminar a informação externa. Ele é um veículo aceito na comunidade empresarial como o transmissor natural de informações externas de maneira sistemática e periódica.
- O boletim tem como vantagem, por ser uma publicação periódica, propiciar uma varredura permanente dos acontecimentos e das perspectivas do conteúdo que ele dissemina.

A edição de boletins tem o objetivo de antecipar necessidades de informação e trazer para os usuários as últimas novidades e acontecimentos no âmbito dos negócios de interesse da empresa. Alguns preceitos básicos para a construção de boletins:

- a missão, os objetivos estratégicos, metas, etc., são os primeiros itens que devem ser analisados na construção dos boletins;
- devem nascer das necessidades de informação da organização e dos usuários e a sua materialização pode dar-se por meio de protótipos;
- devem ser apresentados, discutidos e aprimorados com os usuários considerados o público-alvo;
- só devem ser lançados na organização após a análise e a aprovação da proposta do conteúdo, da forma e da periodicidade pelos usuários-chave;
- devem ser concisos e focar sempre os pontos mais relevantes para a organização e os usuários;
- devem explorar todos os recursos de TI disponíveis na organização;
- devem criar uma marca visual para fixação do seu formato e sua localização;
- devem gerar conteúdo sintético de redação simples e clara, bem como explorar os recursos gráficos para valorizar os textos;
- devem ser disseminados por meio da rede de microcomputadores, da *Intranet* ou do Portal Corporativo;
- devem ser divulgados utilizando as facilidades e recursos do correio eletrônico e outros instrumentos existentes na organização, como *banner*, mural, jornal, informes, etc.

Ao lançar um boletim, é preciso preocupar-se com sua divulgação ao longo do tempo, e não apenas no período de lançamento. Deve-se ter o mesmo esmero quando se lança um produto físico para venda no mercado consumidor, preocupar-se com os usuários-alvo e dedicar-se a conquistar os usuários potenciais.

A pesquisa do público-alvo é essencial. Deve-se evitar a tentação de fazer uma disseminação ampla do boletim em toda a organização somente porque as informações são consideradas ótimas. Nunca se deve esquecer de que o que é essencial para uns pode ser lixo, ou irrelevante, para outros. O excesso de informação é tão negativo quanto sua carência.

Construção de boletins

Este capítulo será dedicado ao detalhamento e nuanças na construção de boletins. Para que isso acontecesse, foi necessário dividir o desenvolvimento dos boletins em quatro modalidades ou categorias: boletins referenciais, noticiosos, analíticos e estatísticos.

Essa divisão possibilitou a melhor caracterização de cada tipo de boletim e facilitou, ainda, a percepção dos vários parâmetros necessários para o seu desenvolvimento e sua construção pela organização.

Não existe uma seqüência de categorias de boletins a ser desenvolvida por uma organização. Sua construção deve ser fruto da necessidade de informação no momento que a empresa está vivendo, que pode ser desde o mais simples – referenciais e estatísticos – aos mais complexos – noticiosos e analíticos. Esses quatro formatos de classificação de boletins serão detalhados a seguir.

Boletins de informação referencial

Os boletins de informação referencial são, normalmente, os primeiros a ser elaborados nas organizações, até pela sua simplicidade e facilidade de desenvolvimento.

A decisão de construir um ou vários boletins de informação referencial dependerá das necessidades de informação da organização, do momento que ela está vivendo, do foco principal do negócio, da motivação e do interesse dos usuários. A construção deles inicia-se, quase sempre, com o acervo existente e o conhecimento da vida organizacional.

Na construção do boletim referencial, geralmente não é realizada, de início, pesquisa de necessidades de informação qualitativa ou quantitativa. Reúnem-se as publicações existentes na empresa, consideram-se os títulos que cobrem o conteúdo das necessidades de informação explicitadas pelos negócios – missão, objetivos, metas, planos, etc. – em relação ao público a que será dirigido e decide-se pela sua implantação ou não.

Caso a organização tenha um público-alvo muito diminuto, devem-se analisar outras formas de chegar às informações sem ter o trabalho e o desgaste de

construir um boletim para poucos usuários, principalmente se trabalham próximos uns dos outros, o que não justificaria a relação custo x benefício:
- Antes de construir o boletim referencial, não é recomendável fazer pesquisa de necessidades dos usuários, pois o risco de obter excesso de indicações de publicações dos mais diversos títulos de assuntos a ser tratados é enorme.
- A preocupação inicial deve incidir sobre a predominância de fontes de informação com os assuntos do foco do negócio e, restritivamente, das áreas auxiliares, bem como sobre a abertura demasiada do leque de temas a serem pesquisados e disseminados.
- No lançamento do boletim referencial, deve-se preocupar, em primeiro lugar, em firmar seu objetivo e o alcance na disseminação de informação. Após algum tempo de edição, aí, sim, torna-se adequado realizar levantamento de outras necessidades com os usuários e avaliar o que está sendo publicado, até mesmo, dando oportunidade de se indicarem novas fontes de informação.

O mapeamento de necessidades de informação para cada tipo de boletim de informação exige procedimentos próprios e percepção aguda dos profissionais da informação. Em relação aos boletins referenciais:
- normalmente, são muito calcados na missão, nos objetivos, planos e metas da organização;
- exigem maior gama de fontes de informação;
- atingem quase todos os tipos de assuntos de interesse da organização e, muitas vezes, são obrigados a tentar cobrir aspectos mercadológicos, tecnológicos, financeiros e legais. As fontes de informação para essa modalidade de produto de informação são as mais numerosas, mas nem sempre as mais dispendiosas;
- é conveniente, vantajoso ou prático, primeiro, lançar o boletim e, após suas edições, procurar levantar as necessidades dos usuários baseadas em uma situação concreta;
- o uso de questionários e entrevistas dirigidas é efetivo para o mapeamento de necessidades das pessoas-chave da organização. Com a pesquisa sendo feita com base em boletins já estabelecidos, o risco de construí-los fora da realidade é muito menor;
- deve ser adequado às necessidades mapeadas com os usuários, mas deve ser considerada a realidade da empresa. Só depois de analisar com profundidade as sugestões e as indicações dos usuários é que devem ser abertos

caminhos para novos assuntos, substituição de capítulos e aquisição de novas fontes de informação para suprir as lacunas percebidas.

Os produtos de informação referencial exigem um grande número de fontes de informação, as quais têm de cobrir uma gama enorme de temas, atingindo aspectos tecnológicos, financeiros, mercadológicos, legais, segurança, impostos, etc. Por isso, na seleção delas é necessário maior atenção e devem-se ter critérios bem estabelecidos para evitar repetições, semelhanças e excessos de fontes, que podem gerar gastos econômicos dispensáveis:

- As fontes de informação referencial podem ser utilizadas e direcionadas diretamente para setores específicos da empresa, bem como para a geração de produtos de informação. Elas podem ser úteis também na geração de boletins de informação noticioso e estatístico.
- Boa parte das fontes de informação referencial é voltada e direcionada diretamente para setores específicos da organização e, muitas vezes, não se necessita construir produtos de informação para disseminação.
- Para a construção de boletins referenciais é necessário caracterizar o interesse de vários grupos de usuários e observar se as informações necessárias estão dispersas em várias fontes de informação.
- É recomendável que as informações disseminadas em boletins referenciais sejam armazenadas em bancos de dados para posterior recuperação.

1. Boletim referencial de artigos de periódicos

Para um boletim referencial que divulgue artigos de periódicos, publicações avulsas, trabalhos de congresso, deve-se procurar ter as principais e melhores fontes de informação da mídia especializada nos assuntos de interesse da empresa. Isso exige um acervo de publicações de alta relevância em diversos assuntos, como também o acompanhamento e aquisição de anais de congressos e seminários que tenham acontecido no mundo e que sejam do interesse da organização.

As informações referenciais, basicamente, são mais voltadas para usuários que se dedicam a estudos, análises e que precisam de embasamento técnico ou teórico para o desenvolvimento de seu trabalho.

- A procura de novas fontes referenciais deve ser uma constante para se ter a garantia de estar disseminando o que há de melhor e mais relevante existente, no meio editorial, para a organização.
- Deve-se dedicar com afinco na melhor maneira de apresentar o formato de saída do boletim. A praticidade e a flexibilidade no acesso e na obtenção

do conteúdo disseminado são as chaves para melhor aproximar-se dos usuários.

- O boletim deve vir, preferencialmente, com texto linkado na referência, dispensando a intermediação do profissional da informação. Isso significa para o usuário flexibilidade, agilidade e autonomia no acesso à informação.
- A seleção de matérias para o boletim referencial exige do profissional da informação conhecimento amplo da empresa e do dia-a-dia dos usuários.
- A rotina para a construção desse boletim referencial é simples: na leitura diária das publicações, os profissionais da informação devem selecionar as matérias mais relevantes para os usuários de acordo com a visão de interesse da organização. Com base nessa seleção é possível iniciar a montagem dele.
- A periodicidade pode ser bem variável, pois dependerá do desejo e das necessidades do usuário e da disponibilidade da equipe de informação. A periodicidade praticada nesse tipo de boletim referencial, nas empresas, são bem variadas: semanal, quinzenal, mensal, trimestral e até anual.
- Caso existam muitos temas ou assuntos na construção desse boletim referencial, o ideal é separá-los por capítulos, o que facilita a localização de temas de informações específicas e o ganho de tempo dos usuários.
- Havendo esse tipo de boletim referencial com disseminação e divulgação regular, a tendência é construir um banco de dados para armazenar essas informações, para posterior recuperação.

Exemplo de boletim referencial de artigos de periódicos
Informações Bibliográficas **(IB)**

O IB é um boletim *referencial* editado mensalmente pelo Sistema Usiminas a partir de 1968. Seu objetivo é levar aos empregados da Empresa uma seleção dos melhores trabalhos técnicos publicados recentemente e considerados úteis para a atualização dos conhecimentos especializados necessários às várias atividades da organização.

Os trabalhos são selecionados em diversas fontes nacionais e estrangeiras e apresentados por meio de resumos informativos, que visam mostrar a pertinência de seu conteúdo relevante. Desde 2001, todos os artigos referenciados já vêm linkados no boletim.

ib

SISTEMA USIMINAS
Informações Bibliográficas
Superintendência de Informações Técnicas • PSN

n. 555 mês. ano

ECONOMIA
ADMINISTRAÇÃO
GESTÃO DE PESSOAS
GESTÃO ORGANIZACIONAL
QUALIDADE
TRANSPORTE / LOGÍSTICA
GESTÃO DA INFORMAÇÃO / CONHECIMENTO
SIDERURGIA GERAL
ENERGIA
SINTERIZAÇÃO
PELOTIZAÇÃO
CARVÃO / COQUERIA / CARBOQUÍMICOS
ALTO-FORNO
ESCÓRIA TIPOS E USOS
PROCESSOS ALTERNATIVOS
ACIARIA E LINGOTAMENTO
LAMINAÇÃO
LAMINAÇÃO A QUENTE
LAMINAÇÃO A FRIO
REVESTIMENTO / TRATAMENTO DE SUPERFÍCIE
CORROSÃO
SOLDAGEM
METALURGIA FÍSICA / TRATAMENTO TÉRMICO
TESTES E DEFEITOS
REFRATÁRIOS
MECÂNICA
MANUTENÇÃO
INSTRUMENTAÇÃO E CONTROLE
SEGURANÇA INDUSTRIAL
HIGIENE E MEDICINA OCUPACIONAL
MEIO AMBIENTE E POLUIÇÃO
MERCADO DO AÇO
TRANSPORTE/LOGÍSTICA
INFORMÁTICA

REFERÊNCIAS SELECIONADAS

ECONOMIA

001
PERSPECTIVAS nacionais e regionais. (COUNTRY and regional perspectives.) In: FMI. *World economic outlook: financial systems and economic cycles.* Washington: FMI. 2006. p. 41-74. CL. PSN 088165 058:336.71/.73:338.22.304:330.35 (510): 336.748.12 (73): 330.131.7 (4): 330.35 (510): 330.35 (6): 339.133.339.9.

002
JOHNSON, B. A. K. Políticas de câmbio e crises internacionais: como o Brasil não acompanhou a Argentina no default em 2001-2002. (National exchange rate policies ands internationalizational debt crises: how Brazil did not follow Argentina into a default in 2001-2002). *Revista de Economia Política*, v. 27, n. 1, p. 60-81, jan./mar. 2007. AP. PSN 088163.

This paper examines how exchange rate policies and IMF stand-by arrangements affect debt crises using econometrics and a comparison between Argentina and Brazil.

003
PEREIRA, L. C. B.; GALA, P. Por que a poupança externa não promove crescimento. *Revista de Economia Política*, v. 27, n. 1, p. 3-19, jan./mar. 2007. AP. PSN 088162.

004
PETERSON, L. E. Tratados bilaterais de investimento e formulação de políticas de desenvolvimento. *Revista Brasileira de Comércio Exterior*, v. 21, n. 90, p. 4-30, jan./mar. 2007. AP. PSN 088161

005
TELLO, R.; ARAÚJO, M. Como alcançar a China e a Índia? *HSM Management*, v. 10, n. 59, p. 24-32, nov./dez. 2006. AP. PSN, PSN/IPA 088170

Apenas o Brasil, dos quatro países candidatos a potências mundiais reunidos na sigla BRIC, ainda não reencontrou o caminho da competitividade. No último Relatório de Competitividade Mundial, do IMD, o País perdeu uma posição no *ranking* geral e 11 no de eficiência empresarial. Carlos Arruda, professor da Fundação Dom Cabral, analisa as perspectivas brasileiras, compara-as com as dos outros países e aponta as oportunidades existentes no horizonte.

ADMINISTRAÇÃO

006
A TODA velocidade. *HSM Management*, v. 10, n. 59, p. 34-40, nov./dez. 2006. AP. PSN, PSN/IPA 088173.

Ciclos de venda e de produção mais curtos, conexões mais rápidas e, sobretudo, incessante produção de conhecimento são sinais de nossa época. Na aceleração e superabundância, encontram-se as oportunidades futuras, mas também as ameaças para a vida pessoal e empresarial, garante o futurólogo Alvin Tofler nesta entrevista exclusiva de...

O boletim *Informações Bibliográficas* (IB) foi o primeiro a ser desenvolvido pelo setor de informação da Usiminas. Em cada edição, disseminam-se de 200 a 250 artigos de periódicos ou de publicações avulsas ou de trabalhos de congressos e, no seu último capítulo, é apresentado todo o material adquirido no mês – que foi incorporado ao acervo da empresa.

O objetivo principal do IB sempre foi divulgar os principais e melhores artigos lançados na mídia especializada, nos assuntos de interesse da organização. Para isso, é necessário assinar publicações de alta relevância nos diversos assuntos de interesse, acompanhar e adquirir anais de congressos/seminários/encontros que tenham acontecido no mundo.

O formato de saída do conteúdo do IB sempre teve as mesmas características, sofrendo apenas pequenas alterações ao longo do tempo, dada a evolução da tecnologia da informação (TI). A apresentação dele tem todas as características de uma ficha catalográfica: título na língua original, título traduzido para o português, autor(es), entidade, classificação decimal universal (CDU), fonte, data de publicação, uso e guarda e resumo em português.

Com os artigos já vindos em forma eletrônica, o dia-a-dia do profissional da informação foi simplificado, já que existia, em média, 2 mil solicitações de cópias de artigos por mês e, naturalmente, essa situação reduziu enormemente o manuseio de publicações no acervo. Não se deve esquecer que o maior ganho foi a velocidade com que a informação chega aos usuários.

Sua construção é simples. Na leitura diária das publicações assinadas, os profissionais de Informação fazem a seleção das matérias. Portanto, ele é subproduto da leitura dos periódicos no dia-a-dia. Na análise da publicação, as matérias mais relevantes para os usuários, de acordo com a visão de interesse da organização, são selecionadas. Os trabalhos de congressos são, também, motivos de seleção para integrar o IB. Com base nessa seleção, inicia-se sua montagem.

Os artigos são indexados utilizando a Classificação Decimal Universal (CDU), no Banco de Dados Referencial (BDR) com todas as informações sugeridas pela planilha de entrada. Essa rotina é feita para todos os artigos selecionados, que são separados por capítulos já preestabelecidos.

2. Boletim referencial que dissemina o sumário das publicações

O boletim referencial que dissemina sumários de publicações é bem mais simples de ser elaborado e pode ser facilmente viabilizado. Ele é de interesse dos usuários em geral, podendo atingir as necessidades de todos os setores da organização. Pode ser adotado em qualquer tipo de organização, sendo mais útil naquelas em que exista dispersão de funcionamento em várias localidades ou com muitos departamentos.

Com o fortalecimento da TI, a construção desse tipo de boletim ficou simples e prática, facilitando o acesso e a seleção das matérias. Ele fica permanentemente disponível.

Na construção desse tipo de boletim referencial são necessários alguns cuidados básicos.

- Caso haja grande número de títulos de publicação, dividi-los por assunto.
- O formato de apresentação deve ser simples e intuitivo.
- Escanear os sumários com qualidade e atentar para as características de cada periódico.
- Criar um cadastro, via correio eletrônico, para avisar os usuários da disponibilização do sumário de interesse deles. É lógico que será necessário criar um cadastro de usuário para cada publicação do boletim.
- Fazer campanhas periódicas com os usuários das publicações constantes do boletim e ofertá-las aos novos empregados, explicando o modo de operá-las.
- Dentro do possível, manter sumários dos números anteriores das publicações, facilitando a pesquisa a qualquer momento.

Esse tipo de boletim tem uma característica diferente: o usuário é alertado da chegada da publicação de seu interesse, e não do boletim em si. Para isso, é necessário realizar pesquisas com os usuários periodicamente. Logo cada publicação divulgada terá seu público-alvo e cadastro próprio.

- É necessário, muitas vezes, uma preparação prévia antes de colocar o sumário no boletim. Publicações que já vêm no formato eletrônico devem ser armazenadas adequadamente no servidor, para facilitar o acesso. Os artigos muito solicitados, devem, preferencialmente, ser digitalizados antes da divulgação no boletim, o que propicia pronto atendimento. Por outro lado, os pouco solicitados – por razões econômicas – podem ser fornecidos via cópia tradicional.
- Uma maneira prática de armazenar os artigos seria criar um ambiente próprio no servidor e um código identificador lógico para o artigo, uma vez que quando o usuário fizer solicitação, basta, via correio eletrônico, indicar o endereço eletrônico de localização. Dessa maneira, obtêm-se ganhos, pois o correio eletrônico não fica sobrecarregado, já que as mensagens só indicam o endereço eletrônico e não são anexados arquivos.
- Esse tipo de boletim referencial tem a facilidade de disseminação e traz enorme economia de custo, já que evita realizar assinaturas múltiplas, diminui

os controles de empréstimo e, praticamente, encerra a circulação de publicações e, com o tempo, economiza espaço físico de armazenamento.
- Os usuários têm a vantagem de serem avisados da chegada da publicação e prontamente atendidos nas suas solicitações.

Realizando todos esses procedimentos de divulgação, armazenamento, criação de cadastro, etc., certamente esse boletim surpreenderá positivamente seus usuários com o pronto atendimento e a organização com a redução de custo. É a democratização da informação.

Exemplo de boletim referencial de sumário de periódicos
Circulação de Índices de Periódicos (**CIP OnLine**)

Boletim *referencial* de atualização permanente. Editado desde 1973 na Usiminas, tem por objetivo divulgar sumários dos diversos periódicos recebidos, permitindo que o usuário tome conhecimento dos assuntos neles contidos e solicite cópia dos artigos de seu interesse.

Segundo Richards (1992), um boletim contendo títulos de artigos pode ter maior circulação e ser menos dispendioso de produzir do que um boletim com registros bibliográficos integrais e resumos. Assim, quando a circulação é o fator mais importante, produzir um boletim de títulos com base no material local ou usar um serviço de páginas de índice pode ser uma forma barata e efetiva em termos de custo e de alertar os usuários sobre materiais importantes. Títulos, particularmente nos campos tecnológicos, normalmente são suficientes para possibilitar que os usuários selecionem material altamente pertinente. Os gastos com periódicos podem ser uma das maiores fatias de seu orçamento, e é importante que o índice das informações seja disseminado eficazmente.

Nesse boletim, são disponibilizados cerca de 150 sumários/índices de periódicos e, o mais importante, todos os funcionários têm a possibilidade de acessá-los. Para facilitar a localização, a apresentação dos sumários dos periódicos é dividida por assunto.

Seu público-alvo é de cerca de 1 000 usuários, que são avisados imediatamente, via correio eletrônico, da chegada e da disponibilização do sumário do periódico do interesse deles.

O escopo do boletim atual, em formato eletrônico, é muito próximo do que era antes, em papel. Mas existem diferenças fundamentais que trouxeram grande visibilidade e alcance do CIP para os usuários, como:
- não-existência de data para saída do boletim. Ele é permanente na *Intranet*, está sempre disponível e é alimentado diariamente, logo após a chegada de alguma publicação que faça parte do seu escopo;

- disponibilização de um número maior de títulos;
- aumento substancial do número de usuários;
- possibilidade, por parte do usuário, de escolher sobre quais publicações ele gostaria de receber avisos via correio eletrônico, quando da inserção da publicação de interesse dele;
- preservação de sumários dos números anteriores das publicações, facilitando a pesquisa a qualquer momento.

Periodicamente, os profissionais de informação fazem uma divulgação, ofertando os produtos disponíveis, convocando os usuários a indicar os títulos sobre os quais gostariam de ser avisados quando uma publicação fica disponível na *Intranet* e no Portal Corporativo.

No *CIP OnLine*, há ainda outra categoria de informação ofertada: são os eventos – congressos, seminários, encontros, etc. – cujos sumários são colocados para que os usuários selecionem os trabalhos de seu interesse. Para esse tipo de publicação, a divulgação é feita por setor de interesse. Todos os técnicos de determinado setor são avisados de eventos de seu interesse no CIP.

3. Outros tipos de boletins referenciais

Existem outros tipos de boletins referenciais, que são os de alerta e de divulgação de documentos como patentes, normas técnicas, regulamentos, leis, etc. Viabilizar a existência deles dependerá do enfoque do negócio e das necessidades de desenvolvimento na organização.

- Geralmente, para esses materiais, existem entidades especializadas que comercializam publicações e bancos de dados com valores razoáveis e de boa qualidade. Na maioria das vezes, desenvolver esses produtos na própria empresa é um desperdício de tempo e dinheiro, já que existem entidades dedicadas a esses temas. Nesse caso, é vantajoso adquirir essas publicações e disseminá-las na organização.
- Agora, caso se decida garantir a construção dele, deve-se partir do pressuposto de que o boletim referencial *seja um diferencial, ou vantagem competitiva*, para a organização e, principalmente, que não exista no mercado editorial publicação semelhante disponível para venda.

Boletins de informação noticiosa

Os boletins noticiosos normalmente são os mais lidos e acessados pelos usuários, até porque eles trabalham com o que está acontecendo ou com o que vai acontecer no curto prazo de interesse da organização.

Esses boletins podem abordar diversos assuntos, tanto tecnológicos como da conjuntura econômica, financeira e do negócio – mercado, produto e insumos.

Hoje, o boletim noticioso nas empresas, em geral, é eletrônico e o usuário escolhe as matérias que deseja acessar e ler. Com isso, é possível propiciar conteúdos mais completos/profundos e em maior número, já que não existe uma percepção, por parte do usuário, do volume do boletim.

O mapeamento de necessidades de informação para esse tipo de boletim de informação tem suas particularidades, exige procedimentos próprios e uma percepção aguda dos profissionais da informação.

- Os boletins noticiosos, inicialmente, são muito calcados na missão, nos objetivos, planos e metas da organização e exigem maior gama de fontes de informação.
- Os boletins devem ser focados nos assuntos-chave da organização.
- Na maioria das vezes, torna-se conveniente e vantajoso primeiro lançar o boletim noticioso e, a partir de suas edições, procurar levantar as necessidades dos usuários baseadas em uma situação concreta.
- O mapeamento das necessidades dos usuários é efetivo, por meio de questionários e entrevistas dirigidas, com pessoas-chave da organização.

Hoje, é comum existirem fontes de informação noticiosa especializadas em todos os assuntos empresariais, com o objetivo de manter os profissionais atualizados com o que está acontecendo no seu mundo de negócio. Essas fontes, normalmente, são pagas e geradas por entidades especializadas.

- Fontes de informação noticiosa de qualidade que trabalham com informações estratégicas para o negócio e têm matérias que fornecem a visão dele é a chave para o desenvolvimento das organizações.
- Construir boletins noticiosos possuindo fontes de acesso restrito, com qualidade e credibilidade, é um grande passo de aproximação com os usuários.
- É importante ter diversidade de fontes noticiosas, como, também, é essencial acompanhar o lançamento de novas fontes e analisar o noticiário das fontes assinadas, se não estão repetitivas em relação às outras.
- Exige-se qualidade das fontes de informação noticiosa, mas é primordial que sejam ágeis e ofereçam dados em primeira mão.

1. Boletim noticioso voltado para aspectos tecnológicos

Para a construção de um boletim tecnológico, exigem-se as melhores fontes de informação disponíveis e, em alguns setores, podem-se atingir centenas de publicações. Normalmente, enfocam o que está acontecendo de relevante em termos de processos, equipamentos e melhorias de interesse tecnológico da organização.

- O acompanhamento das fontes supridoras de informação para o boletim tecnológico deve ser permanente, de modo que a empresa tenha o que existe de melhor, que a diferencie dos concorrentes.
- A construção de um boletim tecnológico é motivada pelo mapeamento de necessidades da área técnica por intermédio de seus usuários é necessário possuir um acervo bom e adequado;
- Uma boa opção para sua construção, que pode ser generalizada, é mediante a realização de reuniões com os usuários-chave para se chegar a um consenso de que produto de informação deve ser feito em termos de conteúdo e formato de apresentação.
- A solução pode passar pela construção de um protótipo de boletim tecnológico preparada por profissionais com conhecimento especializado. Deve-se evitar fazer projetos apenas idealizados, num planejamento em que se discute o que deve ser feito, o que se deve abordar, que fontes devem ser utilizadas, etc., ou seja, um projeto ideal, sem que seja realizado qualquer experimento.
- Para a construção do primeiro protótipo, deve-se reunir a equipe de informação e os usuários-chave selecionados, procurando ser objetivo e restringir-se a poucos temas, como: periodicidade, áreas prioritárias, tecnologias cujo acompanhamento é imprescindível e o levantamento do conhecimento das principais fontes de informação, para apoiar o boletim.
- É possível que seja necessária a construção de vários protótipos do boletim, para apresentá-los aos usuários-chave e, com os devidos acertos, ao longo dos experimentos, se chegaria ao boletim que atendesse às necessidades.
- A cada reunião realizada deve-se aprimorar o boletim com base nas análises, críticas e sugestões. Combina-se o que deve ser feito e testado para a reunião seguinte com a equipe de informação sempre com o papel de ponderar o que é possível ser feito e deve-se marcar um prazo de execução semelhante à periodicidade definida inicialmente para o boletim.
- A construção de três protótipos mostrou ser o mais provável de acontecer, mas isso depende de muitos fatores, e esse número tanto pode ser diminuído como aumentado consideravelmente, pois isso depende da maturidade da equipe de informação, da quantidade adequada de fontes de informação, do grau de exigência dos usuários-chave, etc.
- Na construção do boletim noticioso tecnológico a reunião presencial é importante para se chegar a um boletim de qualidade. Ela facilita a troca de

idéias, de discussões que propiciam o consenso e podem ser observados, pela expressão e pela motivação dos participantes, os acertos e os erros do protótipo apresentado.

- Após a definição e a aprovação do protótipo do boletim, não se pode esquecer de discutir sobre o perfil dos seus usuários, formas de divulgação e disseminação na empresa.

- É possível, também, construir um boletim técnico noticioso utilizando os recursos de TI para reunir seus membros, usando-se o correio eletrônico e a videoconferência. Mas pelo menos as duas primeiras reuniões devem ser presenciais.

- O conteúdo do boletim técnico noticioso deve explorar os recursos de tabelas, gráficos, esquemas e fotos, pois ajudam a elucidar a compreensão das tecnologias e dos processos por parte dos usuários. O boletim eletrônico veio beneficiar sobremaneira essa situação.

- Deve ser incentivado, nos boletins tecnológicos, o contato dos usuários com a equipe de informação para troca de opiniões e sugestões sobre o conteúdo e a forma da publicação.

Exemplo de boletim noticioso para aspectos tecnológicos
Atualidades Técnico-Siderúrgicas (ATS)

O ATS é um boletim *noticioso*, editado mensalmente desde 1978. Tem por objetivo levar ao pessoal especializado do Sistema Usiminas notícias sobre inovações tecnológicas e melhorias no meio siderúrgico mundial, passíveis de utilização na Empresa. É resultado de uma pesquisa dirigida, realizada em caráter permanente, sobre processos e equipamentos siderúrgicos não só das áreas produtivas, mas, também, das atividades auxiliares. Enfoca, principalmente, seu potencial de aplicação à realidade atual e futura da Empresa e suas possíveis vantagens, como economicidade, racionalização de processos, evolução técnica, etc.

Destina-se a especialistas que lidam com equipamentos e processos siderúrgicos. Seu público-alvo chega a aproximadamente 800 técnicos.

Enquanto o ATS existia no formato papel, os profissionais de informação tinham a permanente preocupação com o tamanho das matérias e com o volume do boletim. A combinação era de se ter, no máximo, 25 páginas por número, sem matérias muito longas. Hoje, com o boletim eletrônico, esse problema foi minimizado, sendo que a preocupação com o tamanho ficou em segundo plano. O usuário do boletim eletrônico escolhe as matérias que deseja acessar e não tem a visão do seu volume final. O boletim eletrônico propicia expansão e profundidade das matérias veiculadas e a melhor qualidade do que é apresentado.

ats

USIMINAS
Atualidades Técnico-siderúrgicas
Superintendência de Informações Técnicas • PSN

N.º 221/MÊS/ANO

Divulga os últimos acontecimentos tecnológicos no meio siderúrgico mundial, as inovações e aperfeiçoamentos em processos e equipamentos e os resultados operacionais relevantes

TÉCNICAS

T01	Energia
	Villares Metals testa o uso de célula combustível a hidrogênio
T02	TRANSFERÊNCIA DE TECNOLOGIA
	JFE passará seu conhecimento sobre altos-fornos na parceria com a Hyundai
T03	Laminação
	Belgo Itaúna passa a usar cilindros de metal duro
T04	sucesso da construção metálica
	Os projetos de aço revestido premiados pela BCSA do Reino Unido
T05	Laminação
	Belgo Itaúna passa a usar cilindros de metal duro
T06	blanks para TUBOS
	Avanço tecnológico da ThyssenKrupp em componentes automotivos tubulares
T07	**ampliando a internacionalização**
	Posco investe em instalações na Ásia e na América do Norte
T08	Revestimento de metais
	Tendências e perspectivas tecnológicas a partir da P&D
T09	Revestimento inteligente
	Tendências e perspectivas no mercado de eletrodomésticos e automotivo
T10	**galvanização**
	Criando novas oportunidades para o processo de revestimento na Europa
T11	P&D no setor automotivo
	Crescem resultados de parcerias universidade-empresa no setor
T12	chapas de metal
	Evoluções na aplicação de revestimento químico
T13	EOF – Forno de Otimização de Energia
	Um processo moderno e competitivo de produção de aço a oxigênio
T14	meio ambiente
	Monitoramento por mudança de atmosfera identifica ocorrência de queimadas
T15	Forno de panela gêmeo
	Siemens-VAI recebe contratos da Handan e da WISCO para unidade de 300t

TÉCNICAS

ATS T1	início
Energia	
Villares Metais testa o uso de célula combustível a hidrogênio	

O princípio da célula de combustível a eletrólito polimérico, que serve para gerar energia do hidrogênio, parece simples até para quem faltou às aulas de química do colégio. O gás hidrogênio (formado por dois átomos) passa por uma fina membrana de material plástico, do tamanho de uma folha de papel sulfite.

Para a construção do ATS, as melhores fontes de tecnologia siderúrgica existentes no mundo foram exigidas.

A criação e a montagem do ATS marcaram o início da construção de boletins baseados nas necessidades de informação. Na primeira reunião com os chefes de departamentos e seus assessores, aspectos de interesse que deveriam constar do boletim foram discutidos e o setor de informação ficou livre para propor uma solução no encontro seguinte.

A equipe de informação optou não por levar um projeto indicando o que seria feito, que fontes seriam utilizadas, como seria a forma de apresentação, etc., mas preparou um protótipo do boletim construído com informações que chegaram no período de um mês. O conteúdo das matérias foi redigido, a forma de apresentação foi a mais simples e buscou-se utilizar as mesmas marcas visuais (capas) que já eram usadas nos boletins referenciais já existentes.

Vários protótipos do boletim foram montados para serem apresentados aos usuários nos meses seguintes. Com os devidos acertos, ao longo dos experimentos, o boletim que atendesse às necessidades deles acabaria sendo desenvolvido.

O primeiro protótipo foi encaminhado aos usuários-chave – chefes de departamentos e assessores – e solicitada sua análise, as críticas e as sugestões, para serem levadas à reunião combinada e lá discutidas na semana seguinte. Nessa reunião, os usuários apresentaram várias sugestões e críticas, tanto à forma quanto ao conteúdo. Depois de analisados os vários aspectos e discutida a viabilidade dos pedidos de modificação, ficou acertada a montagem de um segundo protótipo e nova reunião seria realizada dentro de um mês, com os mesmos participantes.

Na apresentação do segundo protótipo, com as adaptações e modificações solicitadas, a receptividade foi muito boa. Mesmo assim, surgiram novas sugestões e críticas, mas em número bem menor. Ao final da reunião, decidiu-se pela conveniência da construção de um terceiro protótipo, para firmar os conceitos discutidos. Os mesmos critérios anteriores foram praticados e ajustes de forma e conteúdo foram feitos na preparação do terceiro protótipo do boletim. Nessa reunião, foi discutido qual seria o perfil dos usuários clientes do boletim e como seria sua disseminação e distribuição na empresa.

Ficou acertado que não seria necessário realizar uma reunião formal para analisar esse terceiro protótipo; bastaria enviá-lo via malote, e os membros do grupo se comprometeriam a fazer suas ponderações por escrito e enviá-las para a equipe de informação, já que vários participantes eram de localidades diferentes.

Esse modo de construir um boletim perdura até hoje, naturalmente, respeitando as características intrínsecas de cada boletim analisado e do seu público-alvo. O ATS serviu de modelo para o setor de informação da Usiminas na criação de novos boletins e o processo de interação usuários/profissionais da informação foi sendo aperfeiçoado, cada vez mais, ao longo do tempo.

O ATS eletrônico atual é rico nos detalhes das matérias, dando ênfase a gráficos, fotos, esquemas de funcionamento e à colocação clara do conteúdo, sem se preocupar em sintetizar demasiadamente, de modo a prejudicar a clareza da matéria.

O ATS sempre possibilitou que o usuário solicitasse maiores detalhes ou enfoques das matérias publicadas. Normalmente, quando maiores detalhes de alguma matéria são solicitados, uma pesquisa bibliográfica do assunto é feita e enviada ao usuário, indagando-lhe se a solicitação dele foi satisfatoriamente atendida. Muitas vezes, esse diálogo continua por um bom tempo.

2. Boletim noticioso conjuntural

O boletim noticioso conjuntural pode ser construído por vários motivos e ter várias opções de periodicidade. Isso dependerá do tipo de organização e de como a urgência das informações interfere nos negócios. Em alguns casos, quando a informação é publicada periodicamente, como importação, exportação, produção, etc., o seu prazo de divulgação passa a ser o determinante de sua periodicidade.

O boletim noticioso de maior solicitação e uso nas organizações são os diários, que trazem os acontecimentos do dia-a-dia e suas tendências, a questão preço de seus produtos, acontecimentos da Bolsa de Valores, etc.; e, caso seja possível e se tenha fonte disponível, análises curtas do setor de atuação e do interesse da empresa.

Muitas empresas optam por contratar *clippings* de terceiros, ou os montam. Hoje, há grande oferta de *clippings* no mercado editorial, divididos por assunto, empresas, etc.

A desvantagem desse tipo de publicação é o fato de que quem seleciona as matérias normalmente não vive e convive com as necessidades da empresa e dos usuários. Como as necessidades de informação são dinâmicas e fluidas, o risco de omitir informações importantes é bem real, como também de insistir em matérias que não são mais de relevância. No caso do Brasil, outra desvantagem é de que os *clippings* quase sempre acompanham jornais e revistas do País e se a empresa precisa de informações do mundo haverá enorme lacuna na publicação.

Um boletim noticioso conjuntural diário, construído por uma equipe de informação engajada e que entende dos negócios da organização, com acesso às principais fontes de informação, tanto as nacionais quanto as internacionais, pode se tornar um *diferencial competitivo*.

- O boletim diário deve procurar ter uma cobertura ampla, com o objetivo de atingir os temas de maior interesse da organização e dos negócios. Para facilitar a localização das matérias para leitura, elas podem ser divididas por capítulos e apresentadas segundo uma ordem de importância para os negócios e usuários, e ter ainda a preocupação em publicar informações que influenciem tomadas de decisão.

- Caso seja necessário dividir por capítulos as matérias, os parâmetros para sua criação devem ser os temas principais do negócio e contar ainda com a experiência da equipe de informação. Em um segundo momento, a consulta aos usuários é de vital importância para a consolidação dos capítulos, do enfoque das matérias, do formato de apresentação, da qualidade do conteúdo, etc.

- A construção de um boletim noticioso conjuntural é bem semelhante ao descrito para o boletim noticioso tecnológico, ou seja, construir protótipos e submetê-los aos usuários-chave para discussão, sugestões, críticas e busca de consenso. Não mais que cinco protótipos são necessários, desde que a equipe de informação seja experiente e conheça a realidade da organização.

- Um aspecto fundamental na sua construção é possuir fontes de informação diferenciadas e, se possível, de acesso restrito. As fontes desse tipo de informação, normalmente, são pagas e quase sempre de alto custo.

- A equipe de informação deve ter experiência, agilidade e redação clara e objetiva. É necessário que os profissionais da informação tenham poder de síntese e, em muitos casos, dominem a língua inglesa.

- A campanha de divulgação do boletim conjuntural noticioso deve ser ampla entre os empregados, mas a mensagem diária informando sua disponibilidade na *Intranet* e no Portal Corporativo deve ser feita apenas para os usuários que necessitam dela para seu trabalho e atualização.

- O boletim noticioso diário exige uma rotina bem planejada e estabelecida. Cada fonte de informação tem seu horário ou período de consulta e as informações selecionadas de fontes internacionais necessitam de um tratamento especial. Normalmente, as fontes nacionais são pesquisadas na parte da manhã e as internacionais devem passar por dois crivos: no que é selecionado na parte da manhã devem ser publicadas apenas as matérias mais relevantes ou estratégicas para o mesmo dia, e o restante deve ser executado para o dia seguinte.

- Em qualquer organização, dar atenção especial à questão de preços, seja dos insumos, seja dos produtos, é sempre a informação almejada. Acompanhar previsões de preços e suas oscilações, muitas vezes, é primordial para uma boa audiência de um boletim noticioso diário. Isso é válido, também, para acompanhamento de demanda, de consumo, de exportação, de importação, etc., dependendo das características dos negócios de cada organização.

- Quando o boletim noticioso diário tem um bom volume de matérias e é dividido em capítulos, torna-se interessante construir um boletim executivo, ou seja, para os dirigentes – pequeno grupo – da organização, selecionando as informações mais estratégicas e adicionando comentários ou destaques. Para sua confecção é necessária a anuência dos dirigentes recebedores e deve-se proceder da mesma maneira como se constrói o boletim noticioso, preparando-se alguns protótipos e, depois, submetendo-os a consulta sobre a validade de sua continuidade.

Um boletim noticioso diário cobrindo temas de interesse, ágil, com informações diferenciadas e apoiado pelos usuários, pode tornar-se o principal veículo de informação externa da empresa. Para atingir esse nível, o boletim noticioso diário necessita ter:

- *atualidade*: o conteúdo deve constar do que de mais importante está acontecendo no mundo específico do negócio, garantido pela assinatura e pelo conhecimento de fontes de informação de qualidade e confiáveis;
- *exclusividade*: ter a assinatura de fontes de informação de todo o mundo, selecionando-as entre as melhores em cada assunto, de acesso restrito e de interesse de acompanhamento pela empresa; ter acesso às principais agências de notícias do mundo e às melhores análises do setor, apresentadas diária, semanal e/ou mensalmente por entidades independentes;
- *pontualidade*: ter dia e horário preestabelecidos de edição, mantendo constância na sua disponibilização;
- *imprescindibilidade*: com o constante fornecimento de informação de interesse, os usuários começam a tratá-lo como fonte de informação imprescindível para seu trabalho. Ofertar a possibilidade de, quando diretores, gerentes e analistas se ausentarem da organização enviar o boletim pelo correio eletrônico, caso não seja possível acessar a *Intranet* da organização via *Internet*;
- *confiabilidade*: credibilidade conquista-se com o tempo e a qualidade do conteúdo, selecionando-se as fontes e as matérias pertinentes para o boletim;
- *peculiaridade*: procurar, como diferencial, matérias em fontes selecionadas especiais, que trazem informações não correntes na mídia tradicional. Caso sejam pesquisadas fontes nacionais, procurar acessar também as agências de notícias que tenham matérias exclusivas. Caso se necessite de informações internacionais, selecionar fontes diferenciadas, que tenham qualidade e agilidade na apresentação de suas matérias. Sempre que possível,

procurar fontes de informação especializadas nos temas mais estratégicos para os negócios.

O boletim noticioso conjuntural diário pode ser a solução de disseminação de informação, englobando quase toda a gama de temas de importância mapeados na pesquisa de necessidades de informação, principalmente para empresas de pequeno e médio portes, ou que não desejam ter vários boletins de informação ou por ter número insuficiente de profissionais da informação. Caso no mapeamento de necessidades de informação se aponte para aspectos tecnológicos, comerciais, administrativos, financeiros e legais, é possível construir um boletim cobrindo todas essas carências de informação em apenas um boletim noticioso diário.

Será preciso medir o grau de importância de cada tipo de necessidade, para determinar os diversos capítulos e dar o devido equilíbrio às matérias disseminadas. Dessa maneira, podem-se acomodar informações de todos os temas, procurando-se harmonizá-las de modo a tornar a publicação atraente. informações comerciais, tecnológicas e financeiras do dia-a-dia podem ser acomodadas, como, também, indicações de leituras de artigos, diariamente, divulgação de dados estatísticos relevantes e até análises de maior profundidade, do interesse da organização. O grande desafio será harmonizar todos esses temas e assuntos de modo a não submeter os usuários a excesso de informação; entretanto, é possível sua viabilização.

Exemplo de boletim noticioso conjuntural diário
News

O *News* é um boletim *noticioso e analítico* editado diariamente, que contém notícias e análises de interesse do Sistema Usiminas, extraídas dos principais jornais e periódicos diários/semanais e análises, publicados pela mídia nacional e internacional. É o boletim de maior audiência e tornou-se referência do setor de informação. Tem um público-alvo de cerca de 2 mil usuários e seu conteúdo é selecionado para ser armazenado no banco de dados de notícias (NOT). Os principais temas tratados são: siderurgia, mercado de aço, mineração, insumos siderúrgicos, setores consumidores de aço no Brasil, energia, gestão empresarial, gestão ambiental, capital humano, logística e finanças.

O boletim tem uma cobertura ampla, procurando atingir os temas de maior interesse para a organização e seus negócios. É dividido em capítulos e sua apresentação segue uma ordem de importância de acordo com os interesses dos usuários, procurando abordar assuntos que influenciem a tomada de decisão na organização.

Inicialmente, os capítulos foram criados com base no perfil de necessidades de informação, nos aspectos apontados na missão, nos objetivos estratégicos, nas metas e planos operacionais das áreas e na experiência dos profissionais da informação.

A criação do *News* passou por um sentido contrário ao que aconteceu nos outros boletins desenvolvidos, e isso foi determinado por sua característica bem peculiar de divulgar informações diariamente e para um público bem amplo no Sistema Usiminas. Adotou-se a estratégia de criar o boletim com capítulos de interesse mais voltados para o negócio aço e para o acompanhamento dos movimentos das empresas siderúrgicas concorrentes e das parceiras, nos principais mercados de aço do mundo.

Existia um sentimento, em várias pessoas, de que a proposta do *News* estava indo de encontro a um produto já existente na Usiminas, que era um clipping desenvolvido por empresa terceirizada. O objetivo não era esse e, para viabilizar o projeto, decidiu-se fazer protótipos para serem discutidos na equipe de informação. Alguns usuários-chave foram escolhidos para recebê-los e dar sugestões para o aprimoramento deles. Mesmo após seu lançamento, houve alguns questionamentos nesse sentido, só que o tempo mostrou o alcance da publicação, que hoje é considerada de alto valor agregado, para os negócios.

Foram construídos vários protótipos, os quais foram discutidos e analisados pela equipe de informação, que já tinha várias experiências na criação e na montagem de boletins na empresa. Após o quinto protótipo, decidiu-se lançar o boletim na *Intranet*, com uma ampla campanha de divulgação.

A aceitação pelos usuários foi instantânea e, na campanha de divulgação, havia um apelo forte para que os usuários enviassem suas sugestões e críticas sobre o novo boletim, o que de fato aconteceu. O número de manifestações por parte dos usuários em todas as categorias foi grande e positivo.

Como o alcance do *News* é amplo, inicialmente, fez-se a escolha dos usuários que deveriam ser avisados de sua publicação, privilegiando aqueles que pertenciam às áreas de interesse dos capítulos existentes no boletim. No final da mensagem enviada aos usuários, pedia-se que, caso não tivessem interesse em recebê-lo, devolvessem-na, solicitando a retirada do nome deles do cadastro de público-alvo estabelecido. A surpresa foi que os usuários começaram a indicar vários colegas que deveriam também receber as mensagens, e até hoje essa é uma prática comum.

O boletim *News* inaugurou uma nova era, mudando toda a estrutura de trabalho da equipe de informação pela força de penetração na vida dos usuários e pela importância que lhe foi dada, elevando o conceito do setor no Sistema Usiminas.

Diariamente, é divulgada uma média de 80 a 100 inserções. O *News* acompanha a conjuntura do que está acontecendo no mundo e não se restringe apenas à informação divulgada no Brasil. É feito o monitoramento do setor e do mercado siderúrgico, em todas as partes do mundo de interesse do Sistema Usiminas, ou seja, América Latina, Estados Unidos, Europa, Ásia e países da CEI.

É importante salientar que sempre se procurou obter fontes diferenciadas para a construção do boletim, tanto no Brasil quanto no exterior. As notícias e análises divulgadas são apresentadas em português e preparadas pela equipe.

O *News* acompanha, principalmente, a previsão dos preços do aço e de matérias-primas siderúrgicas, previsão de mercado do aço, negociações realizadas, perspectivas do setor siderúrgico e de correlatos, fusões e aquisições, concorrentes, etc. Tudo o que puder influenciar a vida da organização está no boletim *News*.

O *News* tem o mesmo mecanismo de disseminação que os outros boletins. Às 10h/10h30, um correio eletrônico é enviado para seu público-alvo, por meio do qual o usuário passa a ter ciência dos títulos das matérias do boletim, os destaques e recebe o *link* para seu acesso direto. Ao receber o correio eletrônico, o usuário já tem informação suficiente para avaliar se vale a pena acessá-lo ou não. *A divulgação do boletim é imprescindível para provocar o usuário, porque é ilusão acreditar que ele vá largar o trabalho do dia-a-dia para, espontaneamente, buscar informação. Provocá-lo é essencial, e esse é o papel do profissional da informação.*

Um subproduto do boletim é feito diariamente – o *News Executivo* –, uma seleção das matérias mais estratégicas divulgadas no dia, enviada, via correio eletrônico, para um pequeno grupo de executivos.

A construção diária do *News* segue uma rotina bem estabelecida. No início do expediente da manhã, é feita uma varredura nos principais jornais, agências de notícias e publicações do País, coletando informações de interesse. Essa varredura é feita também em dezenas de fontes internacionais de acompanhamento de assuntos do interesse da siderurgia mundial. As informações são coletadas, preparadas e editadas no boletim.

Na verdade, o *News* começa sua montagem um dia antes da sua edição. Ao longo do dia, as melhores fontes de informação do setor siderúrgico em todo o mundo são pesquisadas, cobrindo dezenas de fornecedores de informação de diversos países, como Estados Unidos, Inglaterra, Japão, China, Austrália e Canadá. São fontes que cobrem os interesses do mundo siderúrgico e seus negócios. São selecionadas as matérias de interesse, as notícias e as análises, que começam a ser trabalhadas pelos profissionais de informação para edição do dia seguinte.

Seu formato de saída é o tradicional do setor e as notícias são linkadas. O boletim é simples e de fácil manuseio pelos usuários.

News

SISTEMA USIMINAS

Superintendência de Informações Técnicas • PSN

Dia da semana, dia mês ano

SIDERURGIA
SI01	Essar adquire projeto de placa nos EUA e pode competir com exportadoras brasileiras
SI02	Consolidação – As grandes siderúrgicas do Canadá na mira das multinacionais
SI03	Governo chinês ameaça "colaboradores" de usinas obsoletas
SI04	Acidente em aciaria no nordeste da China mata 32 trabalhadores
SI05	Tata levanta novos fundos para aquisição da Corus
SI06	Capacidade de produção da China para 2007 pode atingir 550mi t, diz CISA
SI07	SDI reestrutura gerência de linhas de produtos
SI08	Aço derretido vitima 32 em siderúrgica
SI09	Arcelor diz que preço foi razão para fechar capital
SI10	IBS entrará com processo contra a Ceará Steel
SI11	Essar compra Minnesota Steel e investe US$ 1,6 bi em siderúrgica
SI12	CVM aceita proposta de compra das ações da Arcelor Brasil de US$ 5,3 bilhões

MERCADO DE AÇO
MA01	Prosseguem negociações para fornecimento de aço à Transpetro
MA02	Siderúrgicas do sul europeu ainda tentam efetivar reajustes
MA03	Vyksa negocia com Nippon Steel exportações japonesas de chapas grossas para tubos
MA04	Rio Negro expande centro de serviços em Taubaté
MA05	Usinas brasileiras planejam reajuste de 7% em BQs
MA06	Preços diários *benchmark* de aços planos na China
MA07	Alta demanda estimula importações argentinas
MA08	Vyksa Steel negocia compra de placas da Nippon Steel
MA09	Normas comerciais têm sido aplicadas de maneira desigual, diz diretor da Angang

SETORES CONSUMIDORES
SC01	Brasil redescobre o ônibus
SC02	Iveco vai mais que dobrar produção de pesados
SC03	Melhor quinzena do ano para as montadoras
SC04	CSM revê seus índices de crescimento da indústria automobilística mundial
SC05	México entra para o ranking dos dez maiores produtores de automóveis
SC06	Começa a produção do Palio Elétrico em Itaipu

CONSTRUÇÃO CIVIL – MERCADO DE ESTRUTURAS
ME01	Construção civil: pode faltar insumos

INSUMOS SIDERÚRGICOS
IS01	Produção de coque pela China, em fevereiro
IS02	Preço da sucata sofre queda no leste da Ásia
IS03	Preço de ferro-ligas na China
IS04	Preço do coque na China

TRANSPORTE E LOGÍSTICA
TL01	Cade impõe restrições à nova Brasil Ferrovias pela América Latina Logística

	CAPITAL HUMANO
CH01	Alimentos : nutritivos e leves – Muito raros há uma ou duas décadas, os produtos light e diet, hoje, se multiplicam. As opções só aumentam
CH02	Vilão ou vítima? – Com atenção, o aspartame não atrapalha seu treino
CH03	Malhe em grupo e ao ar livre – Você precisa emagrecer, mas não quer se expor na academia. Aposte, então, na malhação em grupo e ao ar livre
CH04	Como não falar com seu filho – Novos estudos mostram que elogiar uma criança nem sempre é o melhor para ela
CH05	Fumantes têm mais chance de ter meninas, diz estudo realizado pela Liverpool School of Tropical Medicine, na Inglaterra
CH06	O futuro da família em jogo – Testamento, inventário ou doação. Qual a melhor opção financeiramente?

	FINANÇAS
FI01	Selic caiu para 12,5% ao ano
FI02	Câmbio acelerou expansão no exterior
FI03	Crescimento brasileiro se concentra em poucos setores
FI04	Queda do dólar é o maior risco para a Ásia, diz ONU
FI05	Ibovespa empata após beirar recorde
FI06	Economia chinesa tem expansão de 11,1% no primeiro trimestre

SIDERURGIA

SI01 início capítulo

Essar adquire projeto de placa nos EUA e pode competir com exportadoras brasileiras

A siderúrgica indiana Essar Steel concordou em adquirir a Minnesota Steel LLC, um projeto norte-americano de 2.5 milhões de toneladas anuais de placa que estava emperrado há cerca de 10 anos por falta de financiamento. A Essar, que recentemente anunciou a aquisição da canadense Algoma Steel, chamou a atenção para o fato de que a Minnesota Steel (MS) controla cerca de 1.4 bilhão de toneladas em reservas de minério de ferro.

Orçado em US$ 1.65 bilhão, o projeto da MS tem sido estudado de várias formas diferentes, inclusive como uma usina de chapas. Os executivos da MS vêm promovendo o projeto com ênfase na existência dos depósitos de minério e no mercado consumidor de placas nos Estados Unidos, estimado em 7 milhões de toneladas anuais.

A construção da usina deve ser iniciada no terceiro trimestre, embora ainda esteja sujeita à aprovação dos órgãos reguladores dos EUA. Em sua primeira fase, a usina deverá produzir 1.5 milhão de toneladas de placa por ano a partir de 2009. O complexo incluirá o processamento do minério e uma unidade de ferro-esponja (DRI, em inglês), que alimentará uma linha elétrica (EAF) de lingotamento de placas.

"Desenvolvendo esses significativos recursos de minério, a MS terá a oportunidade de ser uma das siderúrgicas de menor custo de produção do mundo", disse Shashi Ruia, presidente do conselho da Essar Global, que controla a Essar Steel. Mais do que se tornar uma usina de baixo custo produtivo, a MS poderia representar uma forte competidora das usinas brasileiras que exportam grandes quantidades de placa aos EUA, observa analistas de mercado. SBB, 19 de abril de 2007

SI02 início capítulo

CONSOLIDAÇÃO
As grandes siderúrgicas do Canadá na mira das multinacionais

A dança de fusões no setor de aço prossegue no Canadá, com a compra, esta semana, do gigante Algoma pelo grupo indiano Essar, que reforçou os rumores de que as siderúrgicas (...)

3. Boletim noticioso mensal

O boletim noticioso mensal é mais simples de ser construído. São aqueles que retratam acontecimentos que tenham incidência periódica, que tratam da produção, da importação e da exportação, do consumo de produtos, etc.

Nesse caso, os próprios profissionais da informação podem propor a construção dele, estruturá-lo com as fontes de informação adequadas e, aí, sim, construir um primeiro protótipo. Isso, naturalmente, após a detecção da sua necessidade de existência. Para esse tipo de boletim noticioso é mais fácil caracterizar quem são os seus possíveis usuários e pode-se selecionar um grupo para atuar como usuários-chave.

- A seleção dos usuários-chave pode ser feita por aqueles que já têm o costume de solicitar essas informações e pertencem a setor-chave, que necessita desse tipo de conteúdo.

- O protótipo do boletim pode ser distribuído acompanhado de um correio eletrônico que explique a finalidade do trabalho e os objetivos que estariam sendo perseguidos. É importante que, antes de o correio eletrônico ser enviado, haja contato com os usuários escolhidos para sua aceitação como público-alvo do boletim.

- Devem-se solicitar análises, sugestões e críticas por parte dos usuários-chave – as quais devem ser enviadas como resposta pelo correio eletrônico e, com base nos *feedbacks*, é possível construir o segundo protótipo para apresentação ao mesmo grupo.

- Com a entrega do segundo protótipo, dependendo do nível de sugestões e criticas, pode-se construir um terceiro protótipo, mas, se os usuários-chave estiverem satisfeitos com o conteúdo e o formato de apresentação, o que seria o terceiro protótipo pode tornar-se o primeiro número do boletim a ser lançado.

- Os boletins noticiosos geram um volume expressivo de informações que, com certeza, serão importantes o suficiente para serem recuperados mais tarde pelos usuários.

Exemplo de boletim noticioso conjuntural mensal
Panorama Siderúrgico

O *Panorama Siderúrgico* é um boletim noticioso mensal cujo objetivo é mostrar para os usuários o que aconteceu e o que está para acontecer em termos de produção, importação, exportação, consumo, fusão e aquisição no mundo siderúrgico. O boletim possui tabelas com séries históricas longas e notícias mais recentes, assim como previsões de curto e médio prazos desses indicadores.

Cobre informações sobre Brasil, América Latina, Estados Unidos, Europa, Ásia e CEI. Informa ao usuário a situação do setor siderúrgico, na sua tarefa de produzir e comercializar seus produtos de aço nos diversos mercados do mundo.

O *Panorama Siderúrgico* pertence à era dos boletins eletrônicos. Existe desde 2000, e a motivação de sua criação nasceu do interesse dos usuários em receber informação formal e estruturada do que aconteceu recentemente nas produções de aço, nos diversos países e regiões do mundo. Já havia, sim, divulgação de matérias sobre o assunto, mas sem uma sistemática de apresentação nos vários boletins editados pelo setor de informação.

Com base nessa constatação, iniciou-se pesquisa pelos profissionais de informação do que já existia para consolidar essas necessidades de forma estruturada, principalmente com as fontes oficiais, como IISI, ILAFA, IBS, etc., como também entidades representativas para o setor e empresas de consultoria com tradição na informação do setor siderúrgico. Essas informações foram reunidas e uma estrutura de apresentação foi criada. Assuntos correlatos, que poderiam ser agregados ao boletim, foram discutidos e o primeiro protótipo foi montado.

Sobre o protótipo, houve uma primeira discussão no próprio grupo de profissionais da informação. Daí, novas idéias e fontes surgiram, para melhor produzir o boletim de acordo com aquele espírito manifestado inicialmente pelos usuários. Assim, nasceu o primeiro protótipo, para ser apresentado aos usuários e ser motivo de trocas de informação com a equipe de informação, para seu aprimoramento, com o objetivo de atender aos seus anseios.

Note-se que esse boletim não nasceu de um pedido formal de usuários ou de grupos de usuários, mas da percepção dos profissionais da informação nas pesquisas de satisfação realizadas e de desejos esparsos dos usuários. Com isso, foi necessário realizar reunião do grupo de profissionais da informação para selecionar um grupo de usuários, na empresa, para ler e analisar o boletim, com o objetivo de validar, ou não, seu nascimento, de acordo com o protótipo construído.

Foram selecionados usuários que já tinham a tradição de solicitar esse tipo de informação e usuários de setores que necessitam constantemente desse tipo de informação, ou seja: marketing, vendas no mercado interno, exportação, planejamento financeiro, assessores da presidência, etc. Distribuiu-se o protótipo do boletim acompanhado de um correio eletrônico explicando a finalidade do trabalho e os objetivos perseguidos. Antes do correio eletrônico, houve encontros com os usuários escolhidos para sua aceitação como público-alvo da publicação.

Foram feitas análises, sugestões e críticas pelos usuários, como resposta ao correio eletrônico, e, com base nelas, criou-se o segundo protótipo para apresentação ao mesmo grupo. Outra modificação nesse processo de validação do boletim foi a não-realização da reunião entre os usuários e os profissionais da informação para discussão das propostas e críticas para criação do segundo protótipo. Com as sugestões e a participação dos usuários, via correio eletrônico, é que o segundo protótipo foi criado.

Com a entrega do segundo protótipo, houve poucas sugestões e críticas, com parecer dos usuários favorável ao lançamento dele na organização, por ter caráter de interesse global. Seu terceiro número já se transformou no primeiro número do boletim, que foi colocado na *Intranet*.

O *Panorama Siderúrgico*, por suas características de edição, conteúdo e público-alvo, propiciou algumas modificações para sua validação: não houve solicitação formal para sua criação, não houve reuniões para debater e analisar os protótipos entre a equipe de informação e os usuários, tampouco a utilização do correio eletrônico como forma de comunicação. A equipe de informação foi responsável pela decisão final do lançamento do boletim.

Isso só foi possível por dois motivos: o correio eletrônico tornou-se ferramenta confiável para esse tipo de trabalho e a equipe de informação, por já ter grande experiência na montagem de boletins, pôde deduzir e antecipar algumas etapas de execução tradicional.

A experiência com o *Panorama Siderúrgico* foi muito útil na criação e na montagem do boletim analítico *Movimentos Estratégicos na Siderurgia*.

Boletins de informação analítica

Um boletim analítico pode ser construído para cobrir uma variada gama de assuntos ou temas para sua organização. Quando existem justificativas e motivos para sua construção, esse tipo de boletim é o mais difícil tanto de executar quanto de lidar com ele.

- Sua redação exige profissionais da informação qualificados e experientes.
- Deve existir estreito relacionamento entre a equipe de informação e os usuários.
- As fontes de informação devem ser rigorosamente selecionadas e, se possível, diferenciadas. Elas, normalmente, são as de mais alto custo.
- Deve-se ter um cuidado especial na criação do seu formato de apresentação, de modo a torná-lo atraente ao usuário, para leitura.
- Para sua viabilização, sua construção depende das características da organização, mas, normalmente, cobrem temas como: insumos/fornecedores, mercado e produtos da empresa, concorrência, tecnologia e monitoração econômica e financeira.
- Organizações mais complexas e de grande porte podem vir a necessitar de todos esses tipos de boletins analíticos ou, então, pode-se tentar procurar

soluções prontas no mercado editorial e não construir algum deles. Existem opções, no mercado editorial, de publicações analíticas que, com uma adequada seleção de fontes, podem vir a suprir as necessidades dos usuários de informação analítica sem que seja necessário elaborar boletins.

- Os boletins analíticos em empresas, normalmente, atingem os aspectos de curto e médio prazos, ou seja, o que está acontecendo e as perspectivas para os próximos meses, chegando tais perspectivas até um ano. A necessidade de informação analítica de curto prazo é importante para os usuários, pois ela influencia diretamente os negócios no dia-a-dia.
- Naturalmente, existem demanda e interesse pelas análises de médio e longo prazos. Elas são importantes para projetar os vários aspectos da organização nos seus objetivos de crescimento, diversificação, lançamento de produtos, investimentos, sobrevivência, etc., e, para isso, existem publicações apropriadas no meio editorial, apoiando essas previsões e perspectivas, que podem ser remetidas diretamente aos usuários ou, então, ser fontes para construção do boletim analítico.
- Os boletins analíticos empresariais quase sempre estão centrados nos movimentos de preço, demanda, consumo, produção, importação e exportação e seus desdobramentos. Quando a empresa ou país está envolvido com exportação/importação de seus produtos e serviços, os aspectos de portarias, impostos, *dumping* e fretes devem ser analisados e devem ocupar o seu devido valor nas análises. Pelo imediatismo das empresas, as entidades geradoras de estudos disponibilizam maior volume de fontes de informação com análises de curto prazo.
- Os boletins analíticos cobrindo informações de curto prazo, dependendo das características da empresa, podem ter periodicidades de edição bem variadas, como diária, semanal ou mensal. Já os boletins analíticos de médio e longo prazo são de edições trimestrais, semestrais e anuais. Mas pode-se construir um boletim de atuação de curto prazo e em que, periodicamente, seja dedicado um número especial para uma visão de longo prazo.
- O procedimento para a construção de boletins analíticos é muito semelhante ao dos boletins noticiosos, respeitando-se suas particularidades, como a participação intensa dos usuários-chave nas reuniões de definição do boletim. É imprescindível a participação de usuários que tomam decisões, ou seja, gerentes e especialistas ou até diretores.
- A dinâmica de construção do boletim utilizando a prática de protótipos é bem adequada, sendo que, nos boletins analíticos, é necessário analisar e discutir em detalhes as opções de fontes de informação, já que a seleção delas é primordial na escolha e na redação do conteúdo, bem como na garantia da qualidade da informação disseminada.

- Devem ser construídos tantos protótipos quanto necessários antes do lançamento, dando-se a oportunidade de aperfeiçoar o conteúdo, o foco das análises, a profundidade dos temas e a sua forma de apresentação nos veículos de disseminação da empresa.
- Uma variante que pode ser praticada em um boletim analítico é a agregação de notícias ao seu conteúdo, caso na empresa não exista um boletim noticioso. Naturalmente, as notícias devem ser pertinentes ao tema da análise e a seleção delas deve ser feita de acordo com a periodicidade do boletim analítico. Nesse caso, o boletim passa a ser um misto de analítico e noticioso.
- Um cuidado especial que deve ser tomado na redação dos conteúdos é oferecer, na medida do possível, várias opiniões de especialistas e/ou entidades, mostrar suas divergências e o que está sendo considerado consenso nas tendências formuladas. O profissional da informação deve ter uma posição mais neutra, procurando não interferir nas análises feitas pelos especialistas/entidades e deve, no máximo, mostrar suas incoerências ou seus desvios, sem fazer qualquer julgamento próprio. O papel do profissional da informação é de apresentar as várias facetas das análises, sintetizando as mais longas, despertando o interesses dos usuários, tornando-as mais leves e palatáveis.
- O boletim analítico pode, também, gerar um novo produto, voltado para um pequeno grupo de pessoas, normalmente altos dirigentes, que é um boletim executivo, no qual se deve procurar dar as principais tendências e perspectivas em poucas palavras, de forma a atender um público bem específico.

A construção de um boletim analítico precisa passar por alguns crivos importantes, como:

- análise da diversificação e do volume de usuários que justifique a construção do boletim, e não apenas a distribuição das publicações analíticas adquiridas;
- influência da barreira da língua no entendimento e nas condições de absorção do público-alvo;
- diversidade de fontes de informação;
- profissionais da informação aptos e qualificados para realizar o trabalho de condensação, síntese e acompanhamento do tema, com espírito crítico;
- viabilidade de se construírem veículos adequados para a disseminação e divulgação dele;

- levantamento do público-alvo bem definido;
- apoio das áreas envolvidas e da alta administração.

A pesquisa e o mapeamento das necessidades de informação analítica constituem as atividades mais complexas e dependem tanto dos objetivos da empresa quanto do interesse e motivação de quem vai recebê-las. A informação analítica costuma ter um público bem direcionado e não muito numeroso.

- O público-alvo natural é de pessoas que participam diretamente das decisões ou que preparam estudos e análises. São pessoas que precisam estar bem sintonizadas com o que está acontecendo e por vir, tanto interna quanto externamente à organização.
- O mapeamento de necessidades de informação analítica leva em consideração o *core business* como, também, as preferências de quem toma decisões ou as influencia.
- O mapeamento depende da credibilidade dos profissionais da informação, o que exige da equipe um profundo conhecimento da organização e bom relacionamento com a alta administração e com setores-chave, como marketing, vendas, planejamento estratégico e financeiro, etc.;
- Os boletins de informação analítica são mais suscetíveis a críticas, por isso todo cuidado deve ser tomado no mapeamento de necessidades, por isso exigem planejamento criterioso e a certeza de possuir profissionais da informação em condições de prestar serviços de análise de qualidade.
- O mapeamento de necessidades de informação é mais eficiente quando realizado com base em um boletim analítico já existente. A pesquisa e as entrevistas ficam mais fáceis de ser planejadas e executadas com os usuários.

As fontes de informação para os boletins analíticos são as de maior custo e seletividade na escolha. Exige-se confiabilidade da entidade e especialização no tema em que atua. Mais uma vez, é importante a credibilidade da instituição geradora da informação analítica e os usuários da organização devem ter empatia com o enfoque das análises apresentadas.

- É necessário que a organização possua diversidade de fontes para haver comparações. As várias opiniões dos especialistas do setor devem ser analisadas para melhor informar os usuários.
- Não importa o idioma da publicação, deve-se sempre buscar o que existe de melhor no campo da análise e, se possível, de fonte diferenciada e de acesso restrito.
- Deve-se dar atenção a análises realizadas por empresas de consultoria para o aconselhamento de compra e venda de ações. Mas elas não podem ser as

únicas fontes de informação analítica, pois os objetivos dessas entidades são bem específicos e, normalmente, não coincidem com os interesses da organização.

- A seletividade das fontes analíticas é fundamental, principalmente se houver intenção de construir produtos de informação para apoiar seus especialistas e a alta administração de sua organização, na tomada de decisão e na sustentação de seus conhecimentos em dia.

Exemplos de boletins analíticos

1. *MP-Conjuntura*

O *MP-Conjuntura* é um boletim *analítico* editado mensalmente desde 1985 pelo Sistema Usiminas. Tem por objetivo analisar os fatos e situações que compõem a conjuntura do setor de matérias-primas siderúrgicas. Seus principais enfoques são os mercados de carvão metalúrgico e de minério de ferro. Acompanha, ainda, os mercados de sucata, gusa e coque, como também os movimentos na área de fretamento de navios.

Seu público-alvo é de aproximadamente 250 usuários e suas análises são armazenadas no NOT. No final de cada ano, é realizada uma retrospectiva, sinalizando seus principais acontecimentos e influência nesse mercado complexo.

Mais uma vez, o mapeamento e a utilização das melhores fontes de todo o mundo são essenciais para melhor analisar o mercado. Como exemplo, na área de carvão, é necessário acompanhar os países produtores – Austrália, Estados Unidos, Polônia, África do Sul e Canadá – como também os países e regiões que mais consumem o produto – como Japão, China, Europa e Estados Unidos. Para isso, o profissional da informação deve buscar não somente fontes noticiosas, mas também analíticas. Fontes analíticas sempre são as de mais alto valor monetário e é necessário assinar várias para fazer o balizamento das tendências do mercado e apresentar as diversas opções ao público-alvo.

É necessário obter fontes que acompanhem de perto e analisem o mercado de matérias-primas regularmente. As principais matérias-primas siderúrgicas têm uma característica bem peculiar em suas negociações com as usinas siderúrgicas. Os contratos (preço e volume) são normalmente negociados de novembro a março de cada ano. Acompanhar as várias facetas desses mercados é vital para as boas negociações das matérias-primas que influenciam diretamente os custos de produção dos produtos siderúrgicos. De abril a outubro de cada ano, os movimentos dos negócios *spot* e as realizações dos contratos firmados para o ano seguinte têm de ser acompanhados. Naturalmente, cada tipo de organização tem seu roteiro de acompanhamento de suas matérias-primas.

A mecânica da construção do boletim seguiu a mesma adotada na construção do boletim ATS. Os usuários relataram suas necessidades de informação, os carvões que eram negociados por empresa, as expectativas e os anseios que tais gerentes tinham no recebimento de informações. A equipe de informações fez considerações de como ela atuava em casos semelhantes e combinou-se a forma de criação e de montagem do produto, nos mesmos moldes já praticados em outros boletins da Usiminas.

Após o quarto protótipo, iniciou-se a vida dessa nova publicação.

O boletim *MP-Conjuntura* passou por dois momentos, como quase todos os boletins do setor de informações: a era da publicação em papel e a eletrônica. Quando o boletim *News* ficou com a missão de informar o que estava acontecendo e por acontecer no campo de matérias-primas, cobrindo os capítulos de insumos siderúrgicos e mineração diariamente, ao *MP-Conjuntura* coube a missão da análise.

mp — SISTEMA **USIMINAS**
Matérias-primas Conjuntura
Superintendência de Informações Técnicas • PSN

MP N° 403/MÊS/ANO

Analisa os principais mercados de matérias-primas, no mundo, estratégias das empresas, volumes de vendas, consumo, importação, exportação e evolução de preços.

Conjuntura de matérias-primas
  Mercado: mais apertado e mais apertado

Mercado de Minério de Ferro
Ainda outra onda de preço
Recorde no preço *spot* de minério de ferro na China

Mercado de Gusa
Preço do gusa estável, apesar da queda do preço da sucata

Mercado de Carvão Metalúrgico
Fundamentos no mercado de carvão mais forte, com os mais recentes fechamentos de acordo com o preço na Europa.

Mercado de Coque
A demanda Internacional de coque mercantil está subindo
Preço do coque permanece animado

Mercado de Metálicos
Virada no preço da sucata, após atingir recorde

CONJUNTURA DE MATÉRIAS-PRIMAS   início

Mercado: mais apertado e mais apertado

O mercado de matérias-primas continua terrivelmente apertado.

A demanda continua subindo e a oferta está lutando para atender. Abril foi mais outro mês de preço forte para o aço que ajudou a manter os preços das matérias-primas. Além disso, existe perspectiva para o resto de 2007 de uma ampliação da demanda já robusta e de quadro de preços ascendentes para as matérias-primas.

E, realmente isto é verdade para o preço *spot* do minério de ferro que subiu US$10/t, este mês, justificado por outra subida forte do frete e pela recente introdução do imposto sobre o minério exportado da Índia.

Apesar disso, a demanda chinesa por minério de ferro continua subindo, enquanto a oferta de exportação dos países-chave como Brasil e Austrália estão no "gargalo".

Apesar do preço *spot* do minério, na China, estar em níveis de recorde, o mercado espera por aumentos adicionais pelos meses à frente.

Carvão coqueificável

O carvão coqueificável também está com a oferta limitada.

A demanda está subindo graças à estrondosa produção de aço mundial, à elevação do preço do coque mercantil e, também, dos problemas nos portos australianos, que estão incentivando os exportadores americanos a obter preço mais elevado para o seu carvão semi-soft, na Europa, se comparado com o preço da Xstrata para os japoneses. Isso está apesar dos custos de frete mais altos que as siderúrgicas da UE têm que suportar.

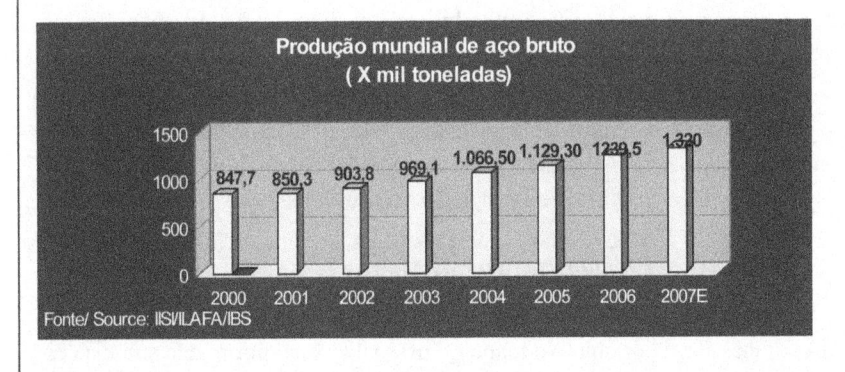

Produção mundial de aço bruto (X mil toneladas)

Ano	Produção
2000	847,7
2001	850,3
2002	903,8
2003	969,1
2004	1.066,50
2005	1.129,30
2006	1.239,5
2007E	1.320

Fonte/ Source: IISI/ILAFA/IBS

Produção mundial de aço cresce 9% em fevereiro

A produção mundial de aço bruto continuou a crescer em fevereiro, quando foram registrados 99 milhões de toneladas, 8,6% a mais que no mesmo mês do ano passado. Com isso, a produção nos dois primeiros meses de 2007 passou para 206 milhões de toneladas, 10,5% superior do que em igual período de 2006. Projetando o acumulado de janeiro e fevereiro para todo o ano de 2007, teremos uma produção de 1,24 bilhão de toneladas, superior a 1,11 bilhão de toneladas de 2006 (11,7% de aumento).

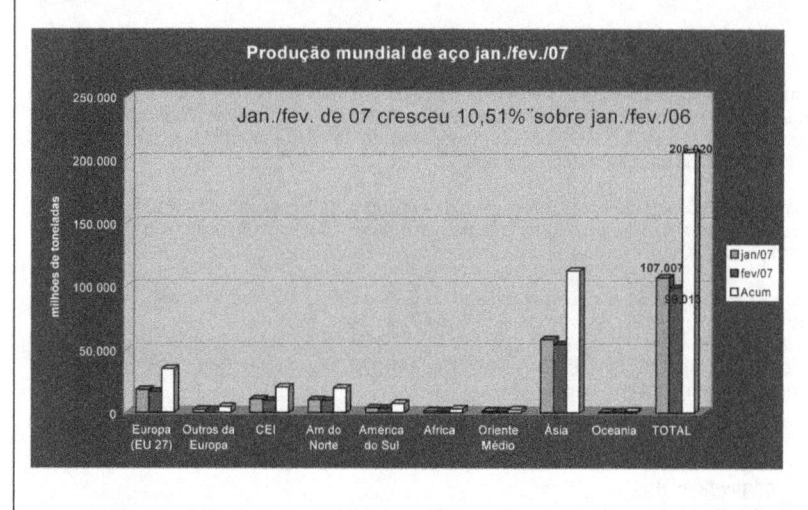

Produção mundial de aço jan./fev./07

Jan./fev. de 07 cresceu 10,51% sobre jan./fev./06

A disseminação do boletim para seu público-alvo é realizada por meio do correio eletrônico, onde se destaca o que de mais importante o MP está tratando naquele determinado número. O *e-mail* é um convite ao usuário para entrar na *Intranet* e acessar a análise disponibilizada. Costuma-se também divulgar o boletim no *News*, informando sua disponibilidade na *Intranet* e colocando algumas informações da análise para atrair seus usuários.

Uma variante do boletim MP – *MP Executivo* – é construída para atender à alta administração da empresa. É realizada uma síntese, enfocando os principais pontos da análise, mais voltada para os acontecimentos e/ou tendências que possam influenciar os custos de produção do aço.

2. Mercado e Produtos de Aço (MPA)

O MPA é um boletim *analítico* editado mensalmente desde 1985 pelo Sistema Usiminas. Tem por objetivo manter o pessoal técnico informado sobre a conjuntura atual e futura do mercado externo de aço, identificar as oportunidades e ameaças aos negócios da Empresa, sendo instrumento de especialização dos técnicos com interesse na área de comercialização do aço.

Numa abordagem analítica, acompanha a dinâmica do mercado siderúrgico internacional, dando ênfase especial às variações conjunturais do mercado externo, produtos e suas aplicações, novidades na tecnologia de produtos e tendência dos concorrentes. Seu público-alvo é de cerca de 300 usuários.

O boletim MPA tem características semelhantes às do *MP-Conjuntura*. Seu objetivo principal é analisar e acompanhar o mercado de aços planos nos principais países e regiões produtoras do mundo. Ênfase é dada aos mercados dos Estados Unidos, União Européia, Ásia, CEI e América Latina.

Há diversas fontes de informação para o mercado de aço e das negociações feitas no meio siderúrgico. Para essa área de mercado de aço – *core business* – há de haver extremo cuidado com a seleção de fontes de informação. Deve-se pesquisar e analisar as melhores publicações e dar preferência às fontes que atuam há muitos anos nessa função e que sejam aceitas e respeitadas pelos usuários que lidam com essas informações, como as áreas de marketing, vendas, relações com o mercado, planejamento estratégico e financeiro.

O MPA é um dos veículos construídos para atender às necessidades de informação dos negócios da organização. O motivo de sua criação partiu do interesse expresso pelo setor comercial da Usiminas – Marketing, Vendas e Exportação –, já que o setor de informação prestava outros serviços na área de negócios e foi solicitada a possibilidade de construir um boletim voltado para o mercado do aço.

A construção do boletim seguiu a mesma metodologia dos outros, ou seja, foi realizada por meio da montagem de protótipos e da reunião das partes interessadas com os profissionais de informação. Na sua construção, três protótipos foram feitos.

O MPA, pós-*News*, passou a voltar-se apenas para a análise, preocupando-se com as perspectivas dos negócios de aço em seus diversos mercados no mundo. O trabalho de análise cobre as perspectivas do mercado de forma global, incluindo os produtos de aço – placas, chapas grossas, bobinas a quente e a frio, galvanizadas e outros – produzidos pelo Sistema Usiminas. Há forte ênfase na análise de preços, produção e consumo do aço, inclusive com acompanhamento gráfico.

A disseminação do boletim, na empresa, para seu público-alvo é realizada pelo correio eletrônico, em cuja mensagem é colocado o que de mais importante o MPA está focalizando naquele número. O *e-mail* é um convite ao usuário para entrar na *Intranet* e acessar a análise sobre o mercado de aço nos diversos países e regiões do mundo. Costuma-se, também, divulgar no boletim no *News*, informando sua disponibilidade na *Intranet* e colocando algumas informações da análise para atrair seus usuários.

Uma variante do boletim MPA – *MPA Executivo* – é construída, para atender à alta administração da empresa, realizando uma síntese que trata dos principais pontos da análise.

mpa — USIMINAS
Mercado e Produtos de Aço
Superintendência de Informações Técnicas • PSN

MPA n⁰ 394 extra/Mês/ano

> Analisa os principais mercados de produtos siderúrgicos de aços planos no mundo, em termos de produção, consumo, importação, exportação, evolução de preços, barreiras comerciais e outros assuntos pertinentes

Sumário

MERCADO MUNDIAL DE AÇO
Queda no CRUspi continua, embora a uma taxa mais lenta de declínio

Depois de desabar em julho pela primeira vez desde janeiro, os preços de aço carbono, como refletido no índice global de aço acabado CRUspi, derrapou novamente em agosto por 0.5%. Preços de chapas grossas geralmente firmes
A competitividade dos fornecedores chineses pode bem depender do produto em oferta. Os preços de chapas finas na China parecem estar se estabilizando. As ofertas de exportação para terceiros países podem aumentar, particularmente de chapas finas revestidas. Os preços de chapas grossas devem permanecer firmes.

MERCADO DA AMÉRICA DO NORTE
Preços declinam para a maioria dos produtos de aço

Os preços do mercado doméstico americano de aço acabado se debilitaram durante o último mês em resposta a uma demanda mais devagar e um sentimento de mercado abalado pelas condições do mercado residencial nos EUA.

MERCADO DA EUROPA
Recaída de verão leva o mercado a sossegar
A atividade de mercado ficou abaixo do esperado nas últimas semanas, uma vez que os europeus saíram de férias durante o período de verão.

MERCADO DA ÁSIA
Tendência misturada para os preços de importação de aço do Extremo Oriente e do mercado doméstico chinês.
Os preços de chapas finas na China geralmente continuaram tendendo a cair durante o mês de julho, entretanto, sinais de uma recuperação nas semanas mais recentes parecem estar começando a surgir. As condições nos mercados de chapas finas do Leste e do Sudeste asiáticos podem começar a melhorar no curto prazo.

MERCADOS EMERGENTES
Demanda doméstica forte continua no Brasil
O primeiro semestre do ano registrou recordes de vendas pelas usinas brasileiras, uma vez que o país continua experimentando um crescimento rápido na demanda doméstica.

SUMÁRIO EXECUTIVO	Início

MERCADO MUNDIAL DE AÇO
Queda no CRUspi continua, embora a uma taxa mais lenta de declínio

Depois de desabar em julho pela primeira vez desde janeiro, os preços de aço carbono, como refletido no índice global de aço acabado CRUspi, derrapou novamente em agosto por 0.5%. Enquanto os desenvolvimentos de preço de produtos longos foram de fato bem misturados, os preços de chapas finas geralmente caíram mais ainda diante da fraqueza continuada na América do Norte.

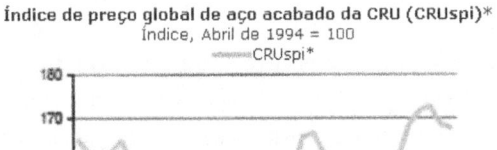

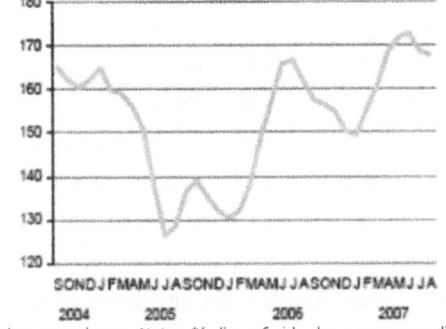

Índice de preço global de aço acabado da CRU (CRUspi)*
Índice, Abril de 1994 = 100
— CRUspi*

Dados: cruspi.com. Nota: *índice aferido dos preços mundiais.

Contrário à tendência na maioria dos mercados de aço acabado, o preço de produtos longos na Ásia ressaltaram de fato durante o último mês, graças a um sentimento mais positivo pela região. Na China, em particular, a atividade de construção tem conseguido certo ritmo graças a investimentos de ativo fixo que subiu por 25% ano a ano durante os primeiros seis meses. Enquanto a demanda doméstica mais alta, particularmente nas províncias do Leste, permitiu aos consumidores reduzir excesso de estoque, o aumento das exportações mais início do ano também ajudou a apertar os fundamentos de oferta/demanda. Os preços de produtos estruturais e de barra comercial subiram em sua maioria, ambos na China e em outros mercados de importação asiáticos, mas os preços de fio-máquina e de vergalhão também aumentaram por aproximadamente US$10/t, apesar da redução nestes produtos que é vista em outros lugares.

Realmente, os preços de vergalhões e de fio-máquina na Europa em particular, mas também nos Estados Unidos, permaneceram debaixo de pressão descendente sustentada em contraste com a Ásia, uma vez que os fundamentos de oferta/demanda ainda estão relaxados. Embora as pressões de importação sejam percebidas como limitadas em ambas as regiões uma vez que os estoques dos compradores permanecem altos, o consumo de usuário final parece estar hesitando, particularmente nos Estados Unidos, onde o sentimento está sendo afetado pela luta em curso no mercado de construção residencial. Também é no mercado americano que muito da redução está sendo vista nos preços de chapas finas de aço, embora a recente fase de queima de estoque dos consumidores pareça estar chegando ao fim e espera-se que as condições sazonais melhorem, quedas de preço adicionais parecem mais prováveis de se materializar do que em outro lugar.

Os preços de chapas finas no norte da Europa, por exemplo, estão ficando cada vez mais atraentes, uma vez que, tendo permanecido estável em moeda corrente local, eles têm, de fato, aumentado quando convertido em dólares. Uma subida nas importações que estes preços mais altos poderiam logo atrair pode ser limitada pelo fato de que os compradores europeus logo poderiam tentar desovar, mas muito pode depender em como as usinas competitivas, por exemplo, na China, vão decidir fazer.

Preços de chapas grossas geralmente firmes.

A competitividade dos fornecedores chineses pode bem depender do produto em oferta. Os preços de chapas finas na China parecem estar se estabilizando, mas como é provável que as mudanças sazonais venham afetar a demanda em agosto, as ofertas de exportação para terceiros países podem de fato aumentar, particularmente para as (...)

3. Movimentos Estratégicos na Siderurgia (ME)

É o mais novo boletim analítico do Sistema Usiminas, lançado em 2005. Mensal, tem o objetivo de acompanhar as ações do mercado de aço, suas fusões e aquisições, novas tecnologias, dos concorrentes, sempre com base no que é divulgado pela mídia. É apresentado de forma sucinta, dando destaque aos pontos essenciais da informação. Os aspectos acompanhados estão ligados a planos de expansão, investimentos planejados, aquisição de novas tecnologias e equipamentos, captação de empréstimos ou lançamentos de papéis, novos produtos, avanço em novos mercados, fusões e aquisições, etc.

O boletim é curto e de fácil leitura. Deve retratar todas as ações importantes para o setor siderúrgico, principalmente dos concorrentes no mercado de aço no Brasil e no mundo.

A equipe de informação sempre preparou um relatório mensal sobre a concorrência, cobrindo o que consta na mídia. Sua divulgação ficava restrita ao grupo de concorrência da empresa e era parcialmente aproveitada no relatório final, que representava a contribuição de várias áreas para a alta administração. Esse trabalho apresentou descontinuidade, mas o setor de informação decidiu continuar sua contribuição, só que a divulgando nos seus moldes de aproximar-se dos usuários por meio de um boletim.

Para sua criação nesse novo formato (de boletim), foi montado um grupo de usuários interessados, muito próximo do que fazia parte do trabalho anterior. Três protótipos foram construídos em três meses. O boletim era distribuído e os usuários tinham de opinar sobre o conteúdo e a forma de apresentação. Todo o trabalho de criação e montagem do ME foi feito usando o correio eletrônico como veículo de comunicação entre usuário e equipe de informação.

Cada número do protótipo incorporava as melhorias solicitadas e atendidas pela equipe. Essa nova maneira de validar uma proposta de boletim mostrou-se eficaz para alguns tipos de informação. É possível que não seja a forma adequada para criação de todos os tipos de informação veiculados em boletins, mas é uma opção de construir de maneira simples, barata, rápida e prática uma proposta de um boletim empresarial.

Movimentos Estratégicos Siderurgia

"Abrange as principais decisões e movimentos que podem influenciar o setor siderúrgico"

Junho/2007

PSN-Superintendência de Informações Técnicas

USIMINAS

Gerdau

Gerdau pretende investir mais na Colômbia

A Gerdau quer reforçar sua presença na Colômbia e seus planos incluem a aquisição da Aceros Boyacá e Comsisa, que está inaugurando uma nova planta de tarugos de 100.000 toneladas por ano.

Além disso teria tentado comprar as siderúrgicas colombianas Siderúrgica de Occidente (Sidoc) e Sidenal. Isso após o insucesso no leilão da Acerias Paz del Rio, segunda maior produtora de aço do país, que foi adquirida pela Votorantim. A Gerdau começou suas primeiras operações na Colômbia em 2005, quando adquiriu as produtoras de aços longos Diaco e Sidelpa. Recentemente, André Gerdau anunciou planos de investir US$70milhões nos próximos três anos, para aumentar a capacidade dessas plantas de 500.000 t/ano para 1milhão de t/ano.

Açominas elevará capacidade de perfis estruturais

Nos próximos dois ou três anos, a Gerdau Açominas investirá US$70 milhões para elevar a capacidade de produção de sua usina de perfis em Ouro Branco para 900.000 t/ano.
Os planos já foram aprovados e estão em fase de projeto.
Os trabalhos na expansão da usina andarão mais rapidamente após a instalação de um alto-forno com capacidade de 1,5 milhões de t/ano e de uma nova máquina de lingotamento de blocos (o que deverá ocorrer ainda neste ano). Os novos equipamentos elevarão a capacidade da usina para 4,5 milhões de t/ano de aço bruto.

PSN-Superintendência de Informações Técnicas

USIMINAS

CSN

Greve de metalúrgicos não afeta a produção da CSN

A greve dos trabalhadores da CSN não afetou a produção diária de 15 mil toneladas de aço da usina de Volta Redonda. O Sindicato dos Metalúrgicos de Volta Redonda e Região estima que o nível de adesão foi de 30%. Já a CSN fala que 80% dos empregados trabalharam normalmente.

A reivindicação inicial dos trabalhadores da CSN era o reajuste salarial pelo Índice Nacional de Preços ao Consumidor (INPC, de 3,44%), mais 6% de aumento real e 33% de reposição por perdas salariais. A proposta da CSN foi conceder o INPC, mais 1,5% de aumento real e abono de R$ 2 mil.

CSN promete comprar a Ferteco da Vale se ficar sem a Casa de Pedra

O presidente da CSN, Benjamin Steinbruch, afirmou que tentará comprar a mineradora Ferteco, caso a Companhia Vale do Rio Doce decida vendê-la, em cumprimento a uma determinação do Conselho Administrativo de Defesa Econômica (Cade).

Em agosto de 2005, o órgão antitruste avaliou o descruzamento de ações da Vale e da CSN e determinou que a mineradora optasse entre abrir mão do direito de compra do excedente de minério de ferro produzido pela siderúrgica em Casa de Pedra (MG) ou vender as operações da Ferteco.

PSN-Superintendência de Informações Técnicas — USIMINAS

Arcelor / Mittal

Mittal Steel analisa as propostas de compra para a usina de Sparrows Point

A Arcelor Mittal está analisando as propostas de compra recebidas pela usina de Sparrows Point, cuja venda deve realizar para cumprir ordem do Depto. de Justiça dos EUA, visando proteger a livre concorrência.

A Arcelor Mittal considera que mesmo com a venda da usina, e com a nova planta que a ThyssenKrupp instalará no estado de Alabama, sua forte posição competitiva nos EUA não está ameaçada.

Mantega diz que Mittal ajuda a derrubar o dólar

Guido Mantega disse que a entrada de dinheiro da Arcelor Mittal no País está contribuindo para a queda do dólar ante o real. Segundo Mantega, a siderúrgica estaria trazendo entre US$ 5 bilhões e US$ 6 bilhões para pagar acionistas. "Isso cria um fluxo inesperado de moeda estrangeira, algo além do que seria o normal", comentou o ministro.

O ministro descartou a possibilidade de o País seguir o exemplo de países emergentes que impuseram restrições ao ingresso de capitais externos nos últimos dias. "Não podemos seguir o exemplo porque os países são diferentes e têm mecanismos diferentes", disse.

PSN-Superintendência de Informações Técnicas — USIMINAS

4. Economia Brasileira

Boletim *analítico* editado trimestralmente, acompanha a conjuntura econômica brasileira e mundial em seus principais aspectos macroeconômicos. Procura também apresentar as tendências que poderão impactar diretamente os negócios da empresa. Seu público-alvo é de 150 usuários.

Acompanha e sintetiza o que acontece na economia mundial e apresenta suas principais tendências, dando ênfase aos Estados Unidos, à Europa, à Ásia e à América Latina. Logo depois, é apresentada a análise da economia brasileira, mostrando os últimos acontecimentos e as principais tendências, utilizando as melhores fontes adquiridas e disponíveis no acervo. As análises, tanto a mundial quanto a brasileira, vêm acompanhadas de tabelas, mostrando as várias facetas das previsões realizadas por várias fontes.

A realização dessa análise tem sido motivada pela área de planejamento estratégico, desde 1979, quando foi realizado o primeiro trabalho de auditagem externa pela equipe de informação. Desde então, o setor de informação realiza esse trabalho regularmente e, hoje, é motivado pelo grupo de cenários da empresa, do qual um dos profissionais da área de informação participa como membro permanente e ativo.

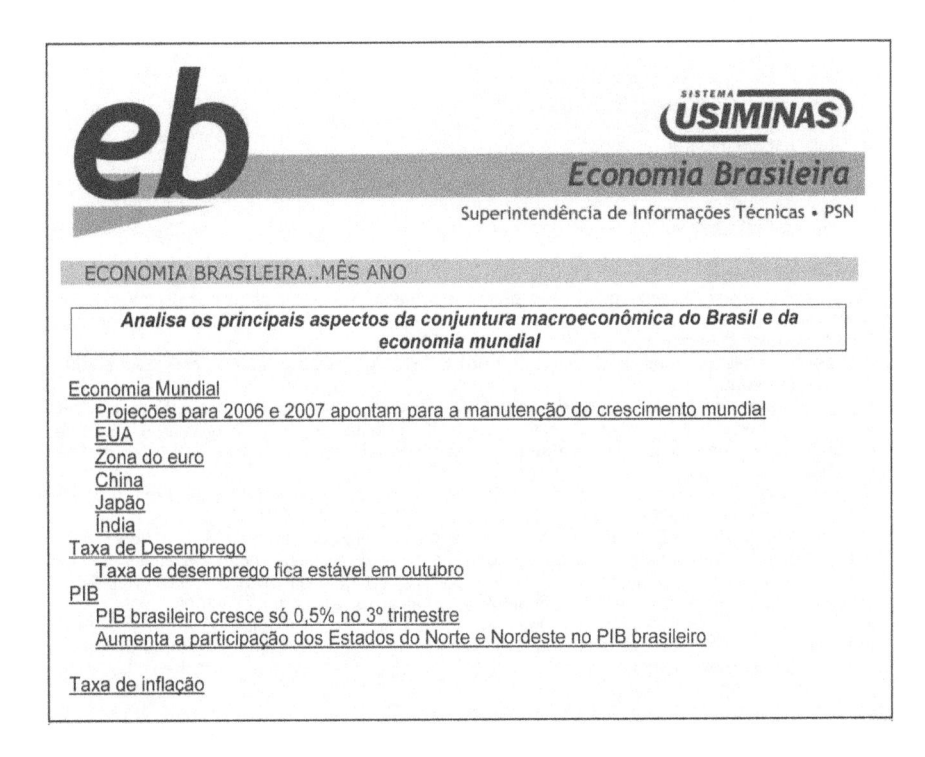

eb — SISTEMA **USIMINAS**
Economia Brasileira
Superintendência de Informações Técnicas • PSN

ECONOMIA BRASILEIRA..MÊS ANO

Analisa os principais aspectos da conjuntura macroeconômica do Brasil e da economia mundial

Economia Mundial
  Projeções para 2006 e 2007 apontam para a manutenção do crescimento mundial
  EUA
  Zona do euro
  China
  Japão
  Índia
Taxa de Desemprego
  Taxa de desemprego fica estável em outubro
PIB
  PIB brasileiro cresce só 0,5% no 3º trimestre
  Aumenta a participação dos Estados do Norte e Nordeste no PIB brasileiro

Taxa de inflação

IPCA
INPC
IGP-DI

Produção Industrial
Produção industrial brasileira caiu 1,4% em setembro
Produção industrial mineira cresce 4,2% até setembro de 2006

Comércio Exterior
Exportações de Minas crescem 16,5%
Saldo da balança comercial brasileira deve recuar 15% em 2007

Resultados Fiscais
Setor público brasileiro obtém superávit primário de R$ 10,446 bilhões
Relação dívida/PIB no menor nível desde 2001

Taxas de juros
Copom corta taxa Selic em 0,50 ponto percentual

Gráficos e Tabelas
Previsões para o PIB da América Latina
Previsões para o PIB da América Latina em 2007
Taxa média de desocupação
Taxa de desemprego média anual
Brasil – PIB, por setores, no terceiro trimestre de 2006 em relação ao trimestre anterior
Brasil – Evolução do PIB em relação ao trimestre anterior
Evolução do PIB do Mundial e brasileiro 1995/2006
Participação dos estados no PIB
Taxa de inflação anual
Inflação acumulada em 12 meses
Indicadores conjunturais da indústria segundo categoria de uso
Produção industrial por estado
Comércio exterior acumulado em 12 meses
Evolução da carga tributária em % do PIB
Evolução da taxa Selic %
Brasil tem os maiores juros reais do mundo %
Brasil – Projeções Macroeconômicas

ECONOMIA MUNDIAL	início

Economia Mundial
Espera-se que os elevados preços do petróleo continuem influenciando o crescimento dos países industrializados, bem como as maiores taxas de juros que estão acontecendo nos Estados Unidos continuem na primeira metade de 2007.
Em termos gerais, prognostica-se que o PIB dos Estados Unidos aumentará em 2,1% em 2007 e em 3% em 2008.
Estima-se que o enfraquecimento da demanda interna se refletirá em um crescimento mais lento das importações e, provavelmente, implicará na queda no déficit comercial e na conta corrente dos Estados Unidos; sendo que este último poderia chegar ao redor de 5,5% do PIB em 2008.
Em geral, prevê-se que o crescimento do PIB na Europa desacelerará para algo em torno de 2,1% (1,9% para a zona do euro) em 2007 e 2008.
No Japão, o vigoroso crescimento nos países em desenvolvimento da Ásia Oriental e o restabelecimento da confiança dos consumidores e das empresas são fatores positivos que se espera mantenham o crescimento em um nível próximo de 2,5% em 2007 e 2008. As taxas de juros de curto prazo deverão subir gradualmente até alcançar 2% no final de 2008.
Ao mesmo tempo, espera-se que a demanda interna se firme à medida que o desemprego diminua para 3,5% da força de trabalho. Como resultado, o superávit em conta corrente deverá cair para 3% do PIB em 2008.

5. Perspectivas para o Mercado de Aços Planos

Boletim *analítico* editado trimestralmente desde 1993, retrata o momento atual do mercado internacional do aço e suas perspectivas de médio e longo prazos, em termos de demanda, consumo e preço dos produtos planos. O público-alvo é de 200 usuários.

Uma característica desse boletim é que não houve solicitação formal por parte de setores ou usuários para sua construção. É, na verdade, uma extensão do MPA. Praticamente, é como se fosse uma tentativa de enxergar as tendências do mercado de aço em médio e longo prazos. É fruto de análise da equipe de informação. Para sua criação, utilizaram-se todos os parâmetros que motivaram a montagem do MPA.

Uma variante do boletim é construída para atender à alta administração da empresa, realizando-se uma síntese que enfoca os principais pontos da análise, ocupando-se mais dos acontecimentos e/ou tendências que possam influenciar os negócios da Usiminas.

Sua montagem é semelhante à praticada nos outros boletins, como *MP-Conjuntura*, MPA e outros.

---

pma — SISTEMA USIMINAS

Perspectivas do Mercado de Aço

Superintendência de Informações Técnicas • PSN

Trimestral mês ano

MERCADO DE AÇO

Preços voltam a subir no primeiro trimestre

- Mercados europeus evitam uma onda altista nas importações
- Tendência de alta de preço é provável de continuar no curto prazo
- O terceiro trimestre agora visto como um momento de virada

Fatores relevantes para o mercado de aço que podem impactar as previsões realizadas
1. *O papel de mercados emergentes*
2. *A demanda para chapa fina de aço durante 2007*
3. *Enfraquecimento dos fundamentos asiáticos a partir do terceiro trimestre*

Mercado da América Latina – Demanda do setor consumidor final permanece firme

> Mercado de aço
>
> **Preços voltam a subir no primeiro trimestre**
>
> A partir da perspectiva de um produtor de chapa fina de aço, os meses de abertura de 2007 foram na realidade bastante bons, ou pelo menos melhor que muitos tinham suspeitado. A tendência de queda nos preços mundiais de chapa fina de aço, que começou durante o terceiro trimestre do ano passado, acabou e os mercados agora parecem estar nos estágios iniciais de uma recuperação. O índice de preço de aço da CRU (CRUspi) para produtos de chapa fina claramente reflete isso. Tendo caído durante seis meses sucessivos e por quase 25%, este índice aferido de preços de BQ, BF e HDG, nas principais regiões consumidoras, recuperou-se em fevereiro e está atualmente cerca de 6% acima de sua baixa de janeiro. Além disso, é provável que isso seja apenas o começo de uma tendência que se suspeita que durará até pelo menos o fim do segundo trimestre, antes que os preços então se estabilizem e talvez caiam.
>
> Preços no Meio Oeste dos EUA se acomodaram em fevereiro, e, embora eles tenham desde então subido (por pelo menos US$20/tonelada), uma recuperação aqui sempre esteve na ordem do dia. As pressões de importação no mercado de chapa fina americano, afinal de contas, desabaram nos últimos meses significativamente, como se suspeitava que iria acontecer. Enquanto a tendência descendente nas importações de chapa fina nos Estados Unidos pode ter começado bem antes em julho do ano passado, foi somente nos primeiros meses deste ano que realmente começou a ser observado declínios um pouco mais sérios. Realmente, a média de chegadas mensais durante os primeiros dois meses deste ano se colocou ao redor de 575 mil toneladas. Isso se compara com as chegadas médias de 925 mil toneladas por mês durante o trimestre final do ano passado e 1,1milhão de toneladas por mês durante o terceiro trimestre.

6. Boletim Especial

A Superintendência de Informações realiza trabalhos *analíticos* especiais normalmente encomendados pela alta administração. Esses trabalhos, muitas vezes, relacionam-se a novos processos ou equipamentos da siderurgia, conjuntura siderúrgica e econômica e à comercialização dos produtos e insumos do aço. Após utilização da área solicitante, muitas vezes são disponibilizados na *Intranet*.

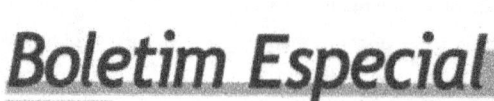

SISTEMA USIMINAS

Boletim Especial

Superintendência de Informações Técnicas • PSN

O FENÔMENO CHINA

SUMÁRIO:
INTRODUÇÃO
ECONOMIA CHINESA
GOVERNO

> **A TRANSFORMAÇÃO ECONÔMICA CHINESA**
> **BALANÇO DE PAGAMENTOS**
> **PLANOS DE DESENVOLVIMENTO**
> **OPORTUNIDADES DE INVESTIMENTO**
> **CHINA – INDICADORES MACROCONÔMICOS**
>
> *SIDERURGIA NA CHINA – SITUAÇÃO ATUAL E PREVISÕES*
> **PREVISÃO DE DEMANDA E CONSUMO NO MERCADO DE AÇO DA CHINA**
> **CAPACIDADE DE PRODUÇÃO E PRODUÇÃO DA SIDERURGIA CHINESA**
> **ANÁLISES DA IMPORTAÇÃO E PRODUÇÃO DE MINÉRIO DE FERRO PELA CHINA**
> **PRODUÇÃO, CAPACIDADE E DEMANDA DE COQUE NA CHINA**
> **CONSUMO DE ÁGUA, RESERVAS DE CARVÃO E PREVISÃO DE PRODUÇÃO DE CARVÃO**
>
> **INTRODUÇÃO**
> O objetivo deste estudo especial intitulado O FENÔMENO CHINA foi o de traçar um panorama da economia chinesa e de seu setor siderúrgico, pois o país vem surpreendendo o mundo pelas suas altas taxas de crescimento tanto na área econômica como no setor siderúrgico.
> Para se ter uma idéia, o crescimento econômico chinês tem impactado significativamente o comércio mundial e em especial em relação ao setor siderúrgico, bem como dos seus principais insumos como carvão e minério de ferro. Podemos dizer que hoje a China determina os preços no mercado internacional.
> A China hoje ocupa o primeiro lugar entre os maiores produtores mundiais de aço com uma participação de 23% da produção total.
> A China é ainda o segundo maior exportador mundial de carvão; o segundo maior importador mundial de minério de ferro; e o maior importador de produtos siderúrgicos. A China é também o maior importador mundial de laminados a frios, superando os Estados Unidos, e de aços especiais.
> Este é o segundo estudo elaborado pela PSN sobre a China e as fontes utilizadas que serviram de base para o trabalho foram: Sinopse Econômica – BNDES; HSBC Business Profile Series e World Steel Dynamics.

Construção de banco de dados

O armazenamento da informação é necessário para assegurar sua conservação, o que irá permitir o uso posterior pelos usuários da organização. O objetivo na construção de bancos de dados em uma organização é de obter rapidamente a recuperação da informação pelos usuários de acordo com sua necessidade premente, sem burocracia ou demanda de muito tempo.

O profissional da informação terá de analisar o custo x benefício na construção de um banco de dados e pesquisar no meio editorial se existe alguma opção de banco de dados disponível para assinatura, que possa atender, mesmo parcialmente, suas necessidades de informação.

O mercado mundial de informação é vasto e cresce em ritmo acelerado. Existem milhares de bancos de dados on-line e, segundo Choo (1998), o pesquisador que conhece as bases de dados, sua estrutura e os recursos de busca pode tirar vantagem dos sistemas de informação. Hoje, as organizações de médio e grande portes dão grande importância à criação e à manutenção de bancos de dados com informações externas.

Em uma organização em que se coleta e seleciona informação, vai sendo gerada uma grande massa de informações, o que motiva a criação de um banco de dados para seu armazenamento. Esse banco de dados, normalmente, tem o objetivo de facilitar a localização de informações de interesse dos usuários em qualquer tempo.

O armazenamento de informações e dados é necessário para assegurar-lhe a preservação e garantir-lhe o uso posterior. Utilizando *softwares* de criação de bancos de dados é possível preservar informações organizacionais, o que exige uma série de atividades e cuidados visando manter a integridade e a disponibilidade dos dados e informações existentes.

A construção de bancos de dados, quando viabilizada, é de extrema importância para atender às necessidades de informação dos usuários da organização.

Dentro de uma corporação, é necessário pensar na sua existência com um alcance amplo, de modo que atenda a uma gama de interesses de um ou vários grupos bem representativos de usuários. O banco de dados em uma corporação deve ter o objetivo final de responder às questões, perguntas e consultas do seu público-alvo e, naturalmente, com um tempo de resposta adequado a um produto de TI.

Segundo Richards (1992), para obter o máximo benefício de um banco de dados, ele deve ser suficientemente flexível para produzir várias formas de informação, devendo também ser facilmente acessível para que os próprios usuários façam suas buscas.

É importante, na montagem do banco de dados, identificar quem o utilizará e em que condições.

- O banco de dados deve proporcionar aos usuários a possibilidade de encontrar as informações desejadas rapidamente e com o mínimo esforço.
- Deve-se evitar, até quando possível, a duplicação de recursos e a anexação de uma mesma informação em bancos diferentes.
- É essencial a seletividade das informações que vão ser indexadas, principalmente em bancos textuais;
- É primordial possuir uma política de descarte de informação.
- Nos dias de hoje, bancos de dados textuais não são mais novidade e estão cada vez mais sendo adotados nas organizações, sendo esse fato motivado pelo baixo custo de armazenamento de informação.
- Havendo motivos reais para a construção de bancos de dados na organização, com o tempo ele se torna importante, pois permite aos usuários ter acesso direto às informações e, com isso, buscá-las em seu tempo e sem se preocupar com o tempo de uso. Outro ponto importante para o usuário é buscar as informações sem a intermediação de alguém e sem ter de preencher formulários para especificar suas necessidades.

- Não é fácil a decisão de construir, ou não, um banco de dados na organização. Caso se decida construí-lo, passa-se para outra fase, que é o momento de selecionar o melhor conteúdo, a atualidade, a respeitabilidade das fontes e, naturalmente, providenciar para que tal banco tenha um diferencial em relação ao que existe no mercado editorial, com custos compatíveis.
- Hoje, já é uma realidade a aquisição (assinatura) e o uso permanente de bancos de dados desenvolvidos por empresas ou entidades externas à organização. É possível disponibilizar bancos de dados de toda natureza, ou seja, tecnológicos, comerciais, estatísticos, jurídicos, regulamentadores, etc.
- Ao disponibilizar bancos de dados, é importante monitorar o uso deles para medir sua audiência e validade.
- Uma das dificuldades no uso de bancos de dados externos é o seu alto custo de acesso. Os gastos necessitam ser bem controlados.

Para melhor definir e apresentar o detalhamento na construção de bancos de dados, eles foram divididos em bancos de dados referencial, noticioso e estatístico. Esses três formatos de classificação de bancos de dados serão detalhados a seguir.

Banco de dados referencial

A montagem de um banco de dados referencial em uma organização é quase um acontecimento natural. As organizações possuem, necessariamente, um acervo de publicações as quais precisam ser armazenadas, muitas vezes selecionadas, preservadas, patrimoniadas e, ainda, estar disponíveis para que os empregados as utilizem quando necessário. O porte da empresa – grande, média ou pequena – tem forte influência na sua existência e no tamanho do acervo.

- A solução para sua construção passa pela necessidade de recuperar documentos, pelo seu conteúdo e por suas características físicas – título, entidade, tipos de publicação, etc. Esses documentos podem ser livros, patentes, normas técnicas, artigos de periódicos, congressos, trabalhos de congresso, teses, mapas, fitas de vídeo, CD-ROMs e outros que porventura sejam de interesse preservar e recuperar, para uso futuro.
- Normalmente, são administrados pela área de informação ou biblioteca.
- Hoje, existem diversas soluções de formato para catalogar os documentos. Todos têm a característica de facilitar a recuperação da informação. A escolha do formato dependerá exclusivamente dos profissionais da informação, do que eles sentirem mais confortável e prático de aplicar.

- Para se ter uma boa aceitação de um banco de dados referencial, isso dependerá da qualidade de sua apresentação final, da facilidade de pesquisar, das várias opções de busca da informação e, também, de treinamento de uso, da fácil localização e da seleção do conteúdo.
- Os profissionais da informação, ao construir o banco referencial, devem preocupar-se em torná-lo bem intuitivo e simples.
- Para melhor recuperar informação em bancos de dados, é necessário que seja feito o tratamento da informação do material bibliográfico e, para isso, podem ser utilizadas diversas técnicas ou sistemas de indexação.
- Existem várias opções de escolha do *software* que deve administrar o banco referencial. O mercado de *software* constantemente está ofertando novas soluções. O profissional da informação deve dar atenção a vários tópicos, como a permanência dele no mercado, as possibilidades de evolução, a tradição do fornecedor, a abrangência de uso em organizações e sua vocação.
- É possível construir vários bancos de dados referenciais. Isso dependerá das necessidades da organização em querer tratar separadamente documentos em seu armazenamento e na sua apresentação aos usuários. Por exemplo, pode-se querer trabalhar com patentes ou normas técnicas, ou teses, etc., em um banco específico, de acordo com a necessidade e/ou objetivo a ser alcançado. Essa situação merece análise pormenorizada e, normalmente, a equipe de informação e os usuários são os que tomam a decisão de implantar um banco referencial específico.
- Em uma empresa que possui um bom acervo de documentos, pode haver vários bancos de dados referenciais, como os dedicados a artigos de periódicos, a livros, publicações avulsas, congressos, trabalhos de congresso, teses mapas, CDs, etc.; ou a apenas normas técnicas ou patentes ou teses, etc.; ou a fotografias ou vídeos ou softwares, etc.;

Exemplos de bancos de dados referencial

1. *Banco de dados referencial (BDR)*

O BDR é um banco de dados *referencial* que contém referências bibliográficas de livros, normas técnicas, congressos, artigos de periódicos, patentes, mapas, publicações avulsas, monografias, trabalhos de congressos, teses, etc., que fazem parte do acervo do Sistema Usiminas. Possibilita a recuperação dos documentos pelo seu conteúdo e/ou por suas características físicas: autor, título, entidade, número de norma técnica, série, data, tipo de publicação, etc., e, por isso, é ferramenta de trabalho permanente dos profissionais da informação.

O banco de dados tem uma solução de pesquisa igual à praticada na *Internet*, e o usuário tem três possibilidades de levantar informações: pesquisas livre, avançada e por lista de assuntos. Manter esse banco atualizado é o grande desafio, pelo grande volume de informações que devem ser indexadas.

Sua estrutura foi desenvolvida e montada no *software* Microisis e o banco permite o cadastramento e consultas de referências bibliográficas diversas – livros, capítulos de livros, artigos de periódicos, publicações avulsas, congressos, trabalhos de congressos, teses, mapas, relatórios de empresas, patentes e normas técnicas – até mesmo com resumos dos trabalhos/artigos. Atualmente, os usuários têm acesso a boa parte dos trabalhos na íntegra, na forma eletrônica. Hoje, é imprescindível uma interface amigável dos bancos de dados com os usuários para obter resultados eficazes no processo de recuperação da informação.

Com a prática no uso da CDU, os profissionais da informação da Usiminas construíram um índice de assuntos que os apóia na indexação dos documentos e que, com o seu porte, deu oportunidade para que fosse aproveitado como buscador de informações no BDR. O seu índice de assuntos proporciona uma recuperação de informações bem precisa e específica.

O BDR é de utilização geral dos usuários e possui dez telas de entrada de dados (ver exemplos a seguir). Hoje, as dez planilhas existentes foram transformadas para apenas uma, o que facilita o preenchimento e o entendimento para os profissionais da informação.

O grande desafio para o profissional da informação é treinar ou dirigir os usuários para melhor pesquisar no banco. No caso do BDR, o índice de assuntos é excelente auxiliar para se fazer uma pesquisa mais precisa. Só que para o usuário utilizar essa ferramenta é necessário haver um treinamento específico.

Utilizam-se os fatores restritivos de pesquisa para auxiliar os usuários na sua busca de informação, os quais estão na tela principal do BDR, em que se pode restringir a língua, o período de tempo de interesse e os tipos de documentos.

Exemplos de planilhas de entrada de dados no banco de dados referencial

---

a) Planilha do banco de dados referencial (BDR): Livro

USIMINAS BDR – LIVRO
Tipo de documento – LI

Número de chamada:
Número de registro:
Autor pessoal:
Autor entidade:

Título –
Variação do título:
Título equivalente:
Edição:
Local: Editora:
Data:
Volume:
Paginação:
Série:
Notas especiais:
Assunto:
Idioma:
Forma de reprodução:

Resumo:
Arquivo do Word (doc):
Arquivo do PowerPoint (ppt):
Arquivo do Excel (xls):
Arquivo do Adobe (pdf):

Data de implantação: Unidade responsável:

b) Planilha do banco de dados referencial (BDR): Artigo de periódico

USIMINAS BDR – ARTIGO DE PERIÓDICO
Tipo de documento – AP

Número de chamada:
Número de registro:
Autor pessoal:
Autor entidade:
Título:
Variação do título:
Título equivalente:
In periódico:
Data:
Notas especiais:
Tradução:
Assunto:
Idioma:
Forma de reprodução:
Resumo:

Arquivo do Adobe (pdf):

Data de implantação: Unidade responsável:

Exemplo de pesquisa bibliográfica no banco de dados referencial (BDR)

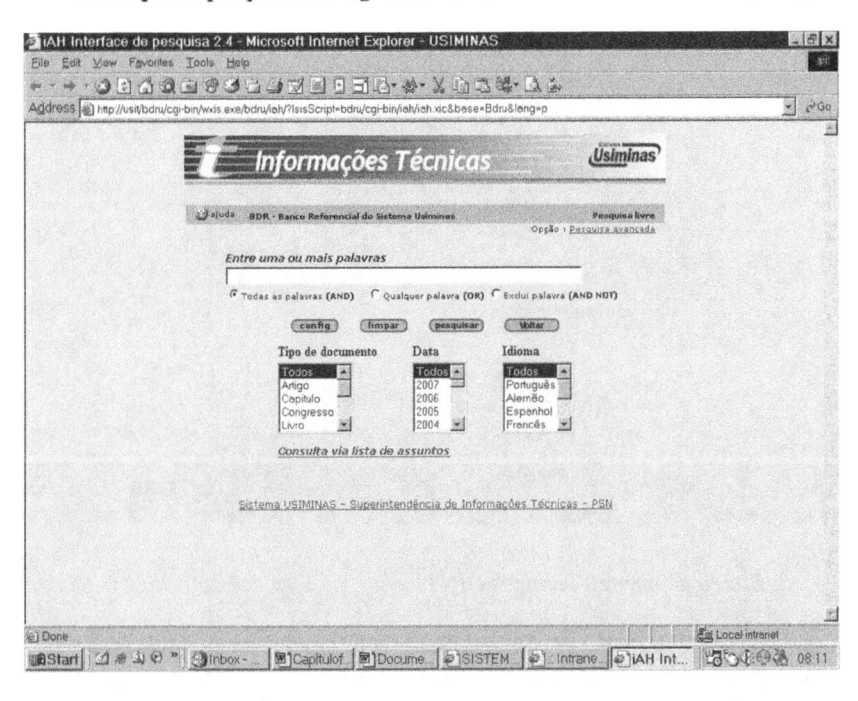

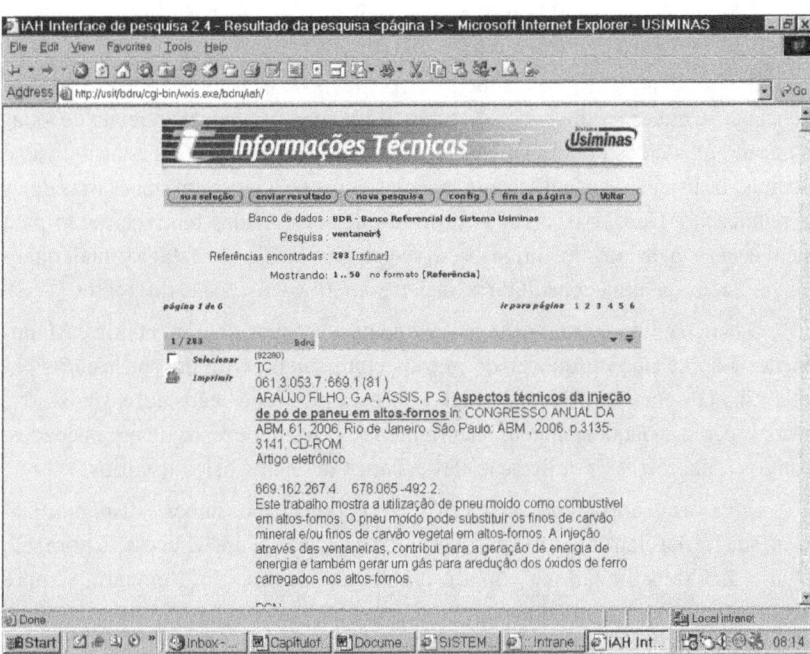

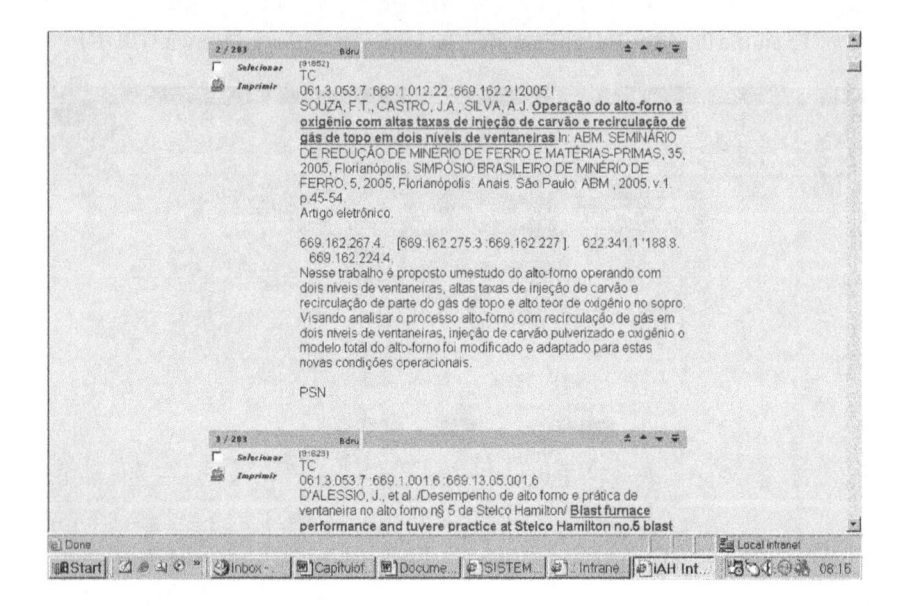

2. Banco de normas técnicas (BNT)

O BNT é um banco de dados que contém referências de todas as normas técnicas existentes no acervo do Sistema Usiminas. É possível a recuperação das normas pelo seu conteúdo e/ou por suas características físicas: título, entidade, número de norma técnica, etc.

O BNT contém normas técnicas disponíveis no acervo da empresa, sem se preocupar se trata da última versão ou não. Basicamente, ele faz um relato de todas as normas existentes no acervo, que são superiores a 200 mil. Sua contribuição é facilitar aos usuários a localização e sua existência no acervo em suas várias datas de publicação. Com isso, o BNT torna-se útil por diversos motivos, tanto para quem necessita de normas antigas, sem se preocupar com seu estágio atual, quanto para quem faz uma consulta nos seus parâmetros em épocas diferentes.

O banco é importante, principalmente para as áreas de Engenharia e Manutenção. Não se pode esquecer de que os equipamentos foram construídos em determinada época e, para construção de peças de reposição, necessita-se das normas técnicas daquela época. Naturalmente, existem dezenas de necessidades, motivos e interesses de utilização desse banco de dados pelos usuários.

Um aspecto importante do BNT é que a norma técnica nunca é disponibilizada em sua forma eletrônica, mesmo existindo no acervo. Para ter acesso à norma, o usuário terá de solicitar sua cópia e o setor de informação a enviará, sempre carimbada, como documento para conhecimento. Isso evita que os usuários a utilizem, no dia-a-dia, em situações que normas atualizadas são exigidas.

A construção do BNT é simples: tem-se apenas uma planilha para entrar com os registros.

3. Banco de dados da memória técnica da Usiminas (BDM)

O BDM é um banco de dados *referencial* que contém documentos elaborados pelos técnicos da Usiminas desde a implantação da empresa (trabalhos apresentados em congressos, simpósios, etc., patentes, artigos de periódicos, publicações avulsas, teses).

Possibilita a recuperação dos documentos por assunto e/ou por suas características físicas: autor, título, entidade, série, data, número da patente, etc. Possui apenas uma planilha de entrada de dados. É de fácil acesso e pesquisa.

São cerca de 8 mil trabalhos desenvolvidos e divulgados pelos empregados da Usiminas e disponibilizados eletronicamente.

Planilha do banco memória técnica

USIMINAS MEMÓRIA TÉCNICA (BDM)

Número do trabalho:
Número de registro:
Localização:
Tipo documento:
Idioma:
Autor pessoal:
Autor entidade:
Título:
Título equivalente:
In periódico:
In congresso:
Local: editora
Data: Paginação:
Área:
Assunto:
Série:
Notas especiais:
Titular:
País e número da patente:
Resumo:
Arquivo do Word (doc):
Arquivo do PowerPnt (ppt):
Arquivo do Excel (xls):
Arquivo do Adobe (pdf):

Exemplo de pesquisa bibliográfica no banco de dados memória técnica

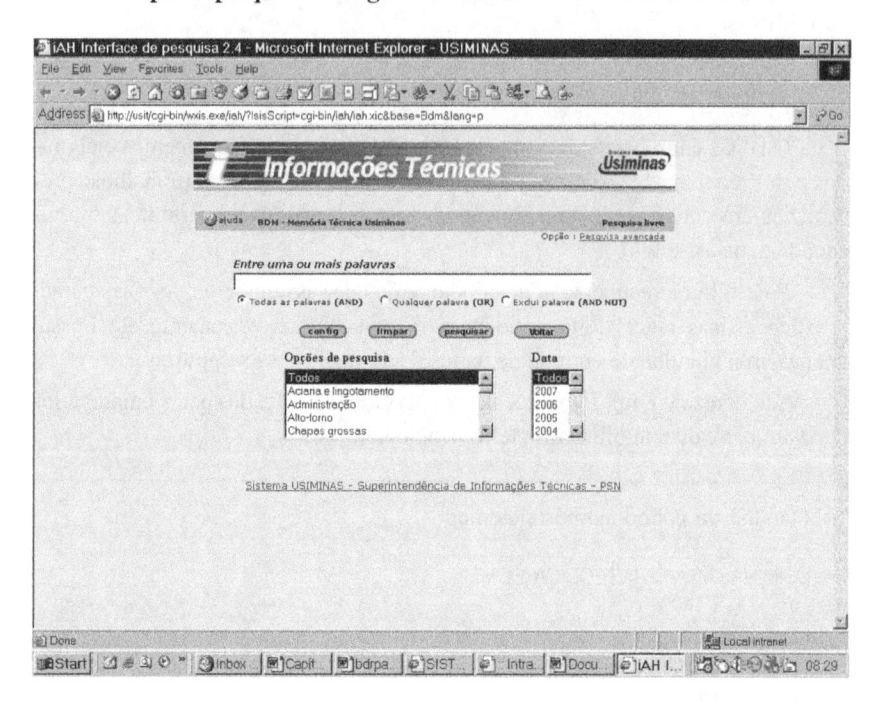

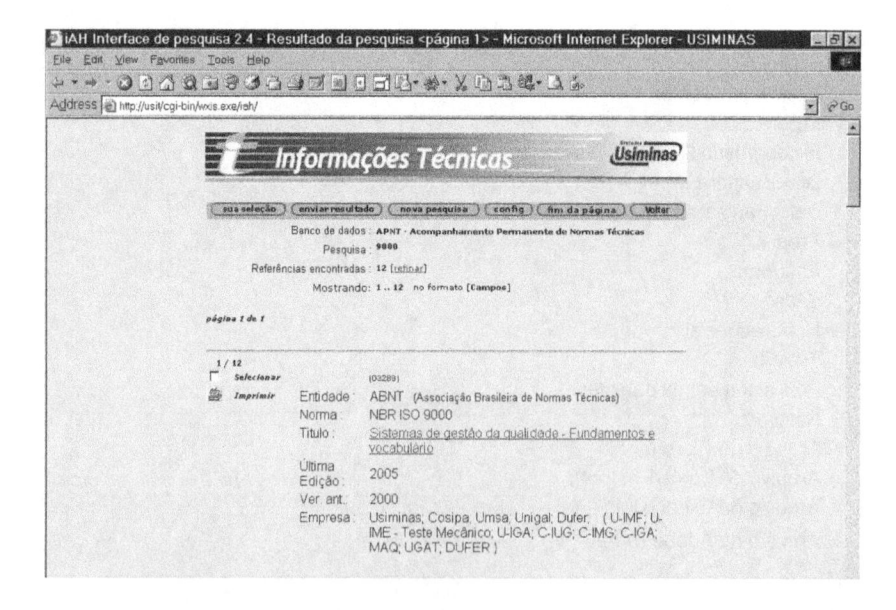

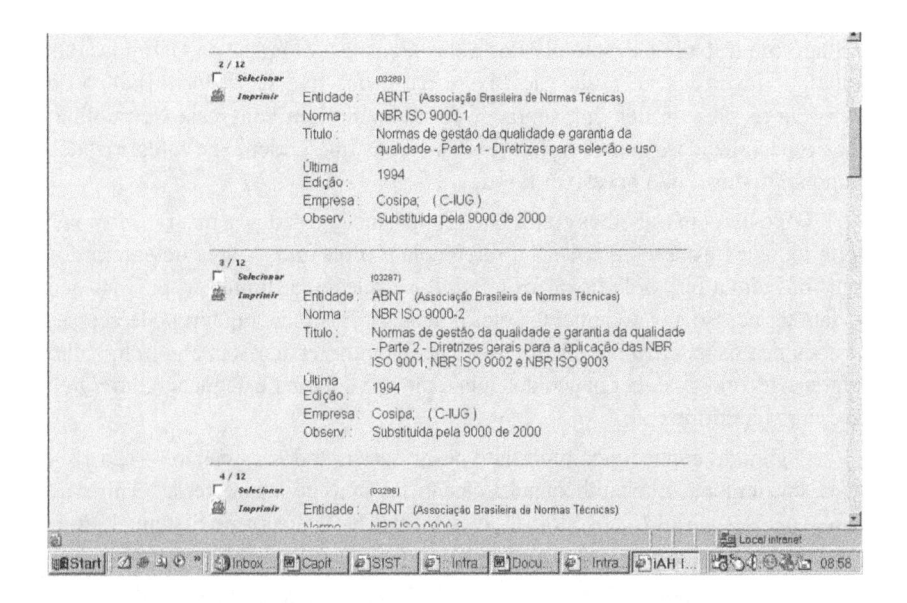

4. Bancos de dados externos

A Superintendência de Informações, para atender a seus usuários, não fica presa apenas às fontes existentes na organização. A consulta a banco de dados internacionais para complementar as pesquisas bibliográficas é uma constante no setor. Como se tem uma forte utilização, os bancos Metadex e Compendex são disponibilizados na *Intranet* da organização.

São disponibilizados ainda para várias áreas diversos bancos de dados nacionais, principalmente, ligados às áreas jurídicas, fiscal e financeira.

5. *Banco de dados guia do conhecimento da Usiminas (GUIA)*

O Guia é uma reunião de bancos de dados referenciais de diversas superintendências, que disponibiliza os trabalhos desenvolvidos pelos técnicos, considerados *know-how* e que servem de apoio a novos desenvolvimentos e a pesquisas de soluções para problemas acontecidos no passado. Pode ser considerado o repositório do conhecimento tecnológico da organização.

O nome *guia do conhecimento* origina-se da criação de um banco de dados com a finalidade de reunir os relatórios e trabalhos desenvolvidos nas áreas técnicas da empresa e que estavam se perdendo ao longo do tempo. Como os bancos tinham as mesmas características em termos de apresentação na *Intranet*, foram agrupados e passou-se a ter uma tela única para buscar suas informações. Portanto, o Guia é a reunião de vários bancos de dados que congregam os milhares de trabalhos desenvolvidos pelas áreas tecnológicas da Usiminas. Os trabalhos inseridos no Guia não fazem parte dos que já estão no banco de memória técnica ou dos apresentados formalmente em congressos e publicações especializadas, mas de relatórios das áreas que podem ser categorizados como *know-how*, não acessível a todos.

Por existirem trabalhos confidenciais no banco de dados, o que fica disponível a todos os usuários é apenas a referência e o resumo. A área detentora dos trabalhos tem a opção de linkar os relatórios e selecionar/limitar as pessoas que podem ter acesso aos documentos eletrônicos. A área indica quem pode acessar os documentos na *Intranet*. Os usuários que queiram ter acesso a algum trabalho referenciado em qualquer banco do Guia terão que solicitar e negociar com a área detentora da informação.

O guia do conhecimento permite pesquisar em todos os bancos – são 13 – ao mesmo tempo, como também pela seleção das áreas de seu interesse. O nível de acesso pelos usuários é satisfatório e, com a entrada da Cosipa no Sistema Usiminas, o interesse cresceu vertiginosamente.

Os novos empregados constituem outro público interessado no banco, que passa a ser fonte de consulta para problemas ou situações ocorridas no passado e que se repetem hoje. Os problemas que acontecem na área técnica de uma siderúrgica normalmente reincidem, e a experiência de quem já passou por isso é essencial na solução deles.

6. *Banco de dados de acompanhamento de normas técnicas (APNT)*

Em decorrência da importância e da complexidade das normas técnicas para empresas industriais, será dada maior ênfase a alguns pontos na funcionalidade e construção do banco de dados que tenha como objetivo acompanhá-las e mantê-las atualizadas.

- Para trabalhar com normas técnicas, o profissional da informação deve ter experiência em lidar com as entidades normativas de todo o mundo.
- Existem, no mercado editorial, várias entidades voltadas para atualização de normas técnicas. Elas vendem e disponibilizam bancos de dados *on-line*, que informam todas as alterações e cancelamentos de normas técnicas de centenas de entidades de todo o mundo.
- Para o acompanhamento eficaz das normas técnicas de interesse da organização, deve-se desenvolver um sistema de informação automatizado para registrar todas as mudanças que acontecem, disponibilizar a norma técnica e dar acesso aos usuários.
- Para viabilizar esse acompanhamento de normas técnicas e disponibilizá-lo na *Intranet* e no Portal Corporativo, deve-se, periodicamente, pesquisar as necessidades dos usuários.

O APNT é um banco de dados referencial que apresenta informações sobre atualizações das normas técnicas de uso constante nos diversos setores de seis empresas do Sistema Usiminas. Tem o objetivo de manter todos os usuários que lidam com normas técnicas cientes da sua mais recente versão. Cobre todas as entidades normativas de interesse da siderurgia no mundo, como também de normas de empresas.

A dinâmica do banco é a seguinte: os usuários informam as normas de interesse e uso constante para seu trabalho. Daí em diante, a responsabilidade passa para o setor de informação, que é adquirir, atualizar constantemente, avisar quando houver modificação da norma e disponibilizar as atualizações aos usuários cadastrados, armazenar e manter o banco de dados sempre atualizado.

Fazem parte do APNT 12 mil normas técnicas. Várias ferramentas de atualização são utilizadas, como: catálogos de entidades, *softwares* ILI e IHS, o CEWIN e consultas diretas a empresas detentoras de normas técnicas de interesse do Sistema Usiminas.

O APNT atinge um público específico de usuários. Possui apenas uma planilha de entrada de dados. É de atualização quase diária e exige conhecimento do profissional da informação. É um banco único, de fácil pesquisa e acesso.

Quando há alteração no status da norma técnica, o APNT informa a modificação e a aquisição em andamento dela. Após a aquisição, o banco é atualizado e o usuário, informado de sua disponibilização eletrônica no APNT. Esse banco é de suma importância para a organização e de alta responsabilidade para a área de informações técnicas.

Para viabilizar o APNT e disponibilizá-lo na *Intranet*, as necessidades dos usuários devem ser pesquisadas periodicamente. Isso quer dizer o que é necessário pesquisar, nas várias áreas da organização, quais normas técnicas devem ter acompanhamento permanente.

Planilha do acompanhamento permanente de normas técnicas (APNT)

Entidade:
Norma:
Ordenação:
Pesquisa:
Título:
Edição:
Versão anterior:
Nome da entidade:
Empresa:
Superintendência:

Observações:
Arquivo pdf:
Data de digitação:
Responsável pela digitação:
Data da alteração:
Responsável pela alteração:

Exemplo de pesquisa bibliográfica no APNT

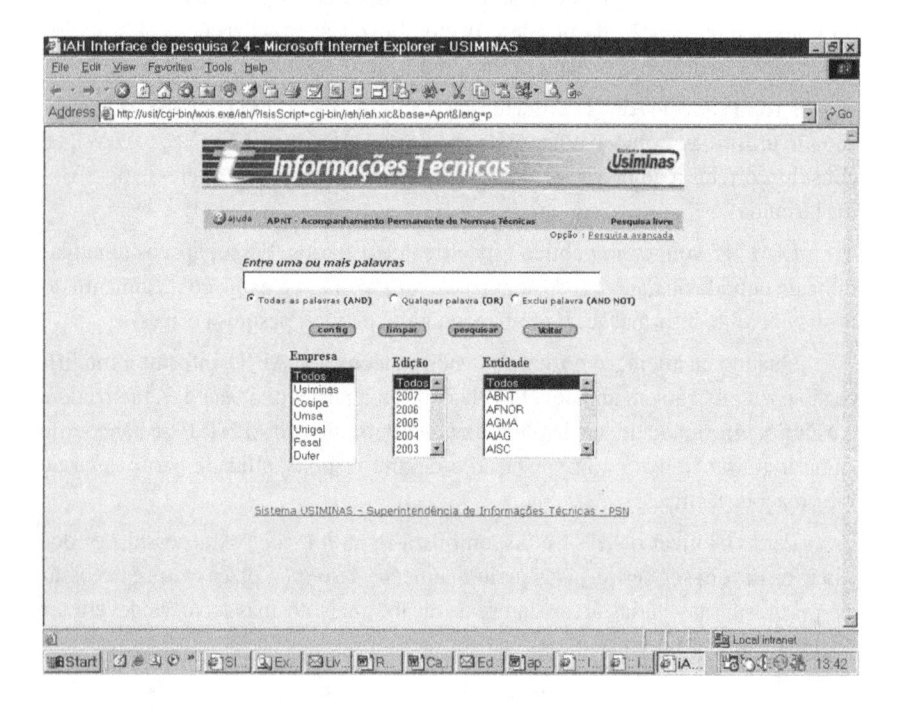

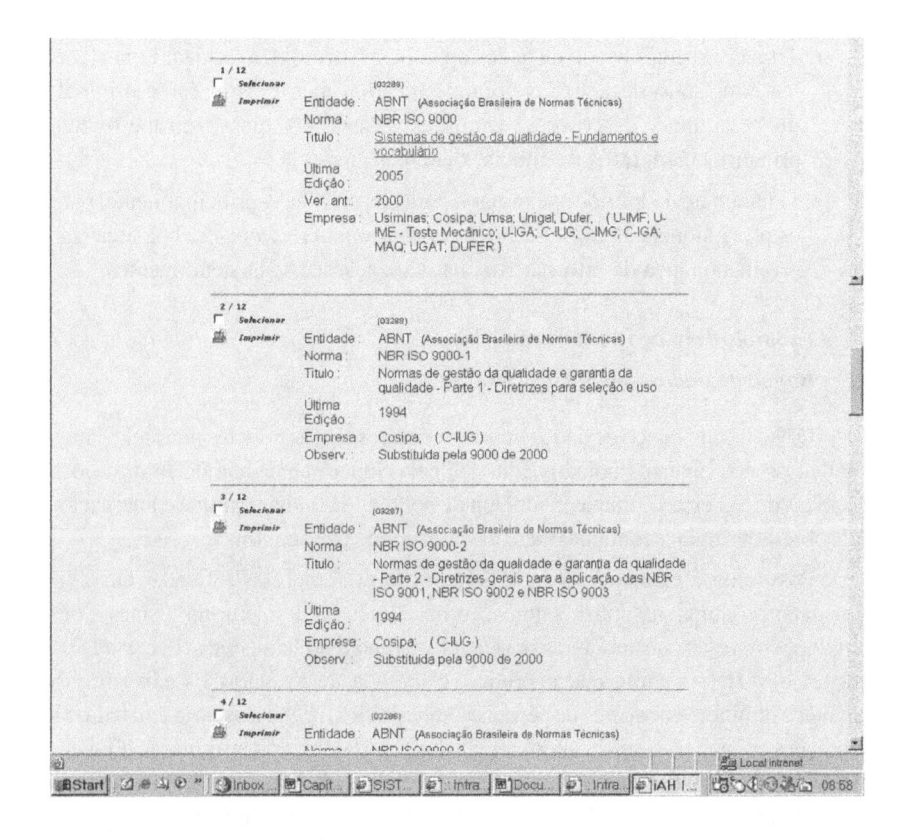

Banco de dados de notícias

A construção do banco de dados de notícias é muito semelhante à dos bancos referenciais e as ponderações realizadas para os bancos referenciais são válidas, também, para o noticioso. Mas existem algumas particularidades na montagem de sua planilha de entrada de dados.

- O banco de notícias deve permitir a recuperação da informação por várias formas de pesquisa, e é essencial que 100% das matérias indexadas seja acessada com seu conteúdo, na íntegra, no próprio banco.
- Deve estar permanentemente atualizado e à disposição dos usuários, de preferência na *Intranet* e no Portal Corporativo.
- Caso não haja grande geração de informações nos boletins editados na organização, deve-se (ou pode-se) estudar a inserção das informações selecionadas nas publicações adquiridas cujo armazenamento seja importante e não exista veículo ou espaço para divulgá-las na empresa. Nesse caso, o banco de notícias passa a ter informações originais, não divulgadas na organização, enriquecendo o seu conteúdo.

- Para construir o banco de dados de notícia é necessário utilizar uma planilha constando de entradas como: data (dia, mês e ano), fonte original, título, assunto, descritores, a própria notícia e, se possível, que os três primeiros parágrafos da notícia sejam pesquisáveis.

- O banco de dados pode se tornar – para os usuários e, principalmente, para os profissionais da informação – uma ferramenta excepcional na localização instantânea de informações, na realização de seus atendimentos.

Exemplo de banco de dados noticioso
Banco de dados de notícias (NOT)

O NOT é um banco de dados *noticioso* que contém as notícias mais relevantes divulgadas nos diversos boletins editados pela Superintendência de Informações Técnicas do Sistema Usiminas e também de notícias da mídia nacional e internacional sobre siderurgia, economia, mercado consumidor de aço, finanças, etc.

Possibilita a recuperação da notícia por título, empresas/entidades envolvidas, data, produtos, assuntos, setores, fornecedores para siderurgia, usinas siderúrgicas, empresas consumidoras de aço, etc. Como a notícia pode ser acessada na íntegra, o NOT leva a informação pronta e elaborada até o usuário. Esse banco veio facilitar e diminuir a demanda de pesquisa bibliográfica, já que o usuário tem todas as condições de realizá-la sem a interferência dos profissionais da informação. O sistema de recuperação é idêntico ao praticado no BDR, mas, para facilitar as pesquisas dos usuários, foram montadas várias telas indicando as empresas e os setores de economia que normalmente têm mais interesse para o Sistema Usiminas. O NOT é ainda um grande facilitador para a equipe de informação no levantamento instantâneo de informações solicitadas pelos usuários, pois está sempre atualizado.

É voltado, principalmente, para os usuários que lidam com informações conjunturais e participam dos negócios da empresa como as áreas de Marketing, Vendas, Planejamento Financeiro e Estratégico, Suprimentos, etc. Possui apenas uma planilha de entrada de dados. Alimentado diariamente, atinge cerca de 2 mil registros/mês. É de fácil pesquisa e acesso. Tem como facilitador na busca da informação o fato de que os três primeiros parágrafos da notícia são pesquisáveis e, com isso, tornou-se excelente ferramenta para a equipe de informação.

No dia-a-dia, o NOT é muito útil aos usuários e ao profissional da informação. É uma ferramenta excepcional no trabalho de localização de informações e no atendimento. É possível fazer levantamentos instantaneamente e enviá-los, na íntegra, aos solicitantes. As solicitações de urgência, que são uma constante, oferecem aos profissionais da informação a oportunidade de surpreender seus clientes com o pronto atendimento. Esse tipo de banco de dados exige uma atualização diária, não permitindo uma defasagem superior a dois dias.

Em termos de estrutura, ele é simples. Na planilha constam da data (dia, mês e ano), indicação do periódico original da notícia ou análise com base no qual o boletim foi divulgado, título, identificação do setor, assunto, descritores e mais o corpo da notícia.

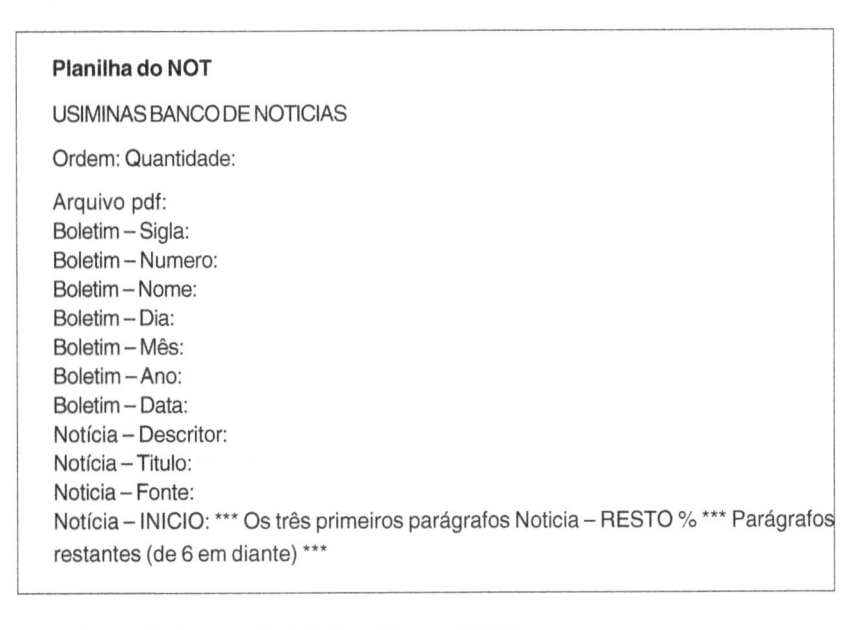

Planilha do NOT

USIMINAS BANCO DE NOTICIAS

Ordem: Quantidade:

Arquivo pdf:
Boletim – Sigla:
Boletim – Numero:
Boletim – Nome:
Boletim – Dia:
Boletim – Mês:
Boletim – Ano:
Boletim – Data:
Notícia – Descritor:
Notícia – Titulo:
Noticia – Fonte:
Notícia – INICIO: *** Os três primeiros parágrafos Noticia – RESTO % *** Parágrafos restantes (de 6 em diante) ***

Exemplo de pesquisa bibliográfica no NOT

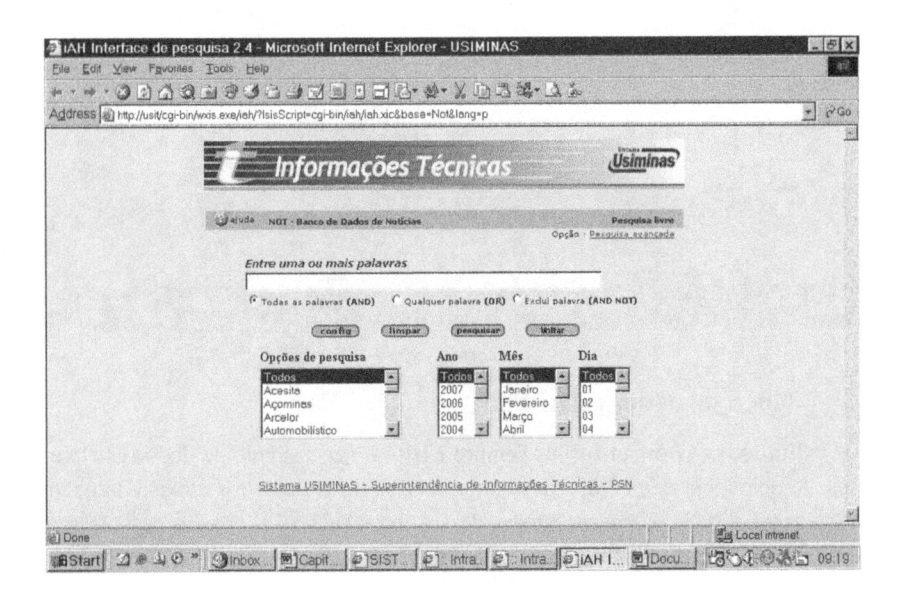

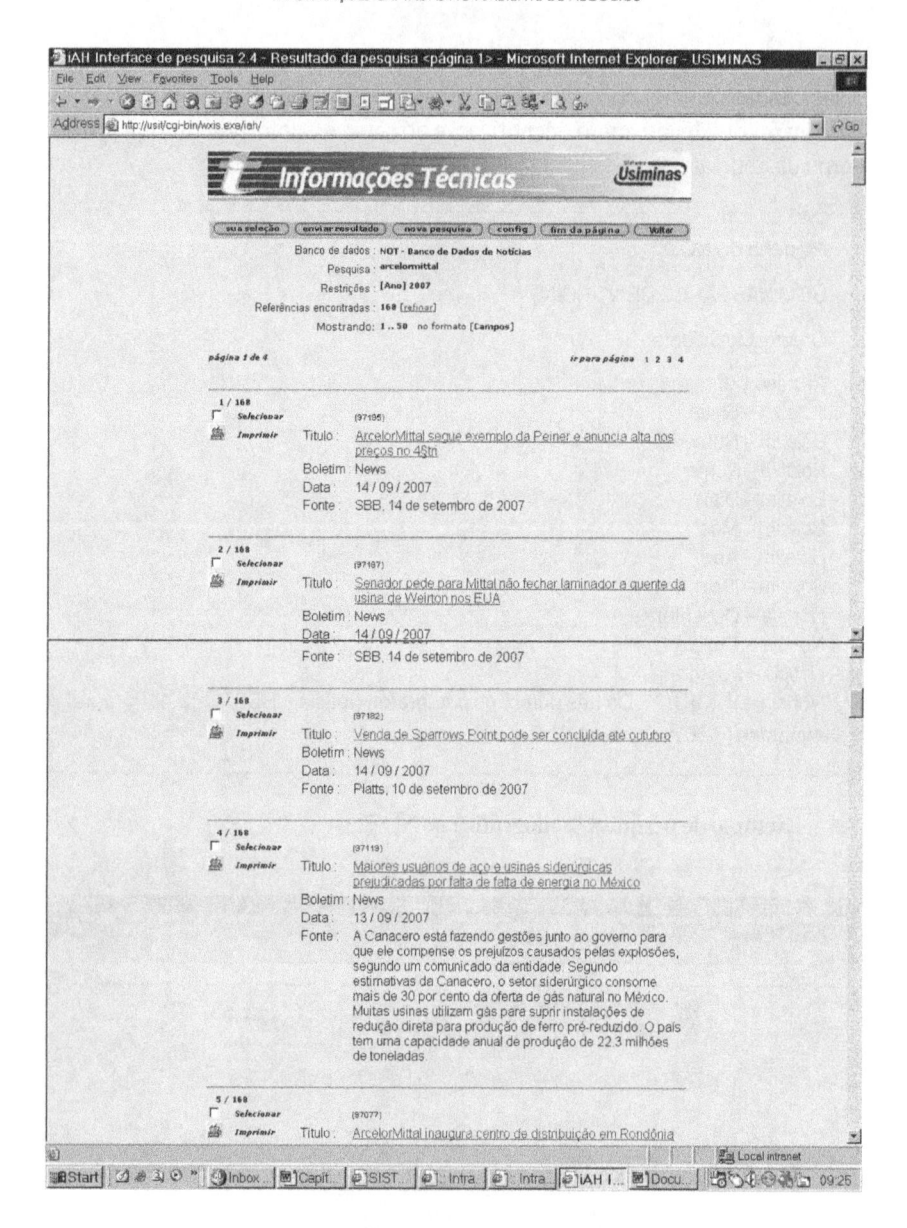

Banco de dados estatístico

Em todas as organizações sempre existe a necessidade de dados estatísticos. A incidência de pedidos recai sobre certos tipos de dados e existe também certa sazonalidade nas necessidades dessas informações. É preciso pesquisar as maiores incidências dos diversos dados solicitados.

Naturalmente, o mapeamento de necessidades desses dados junto com os usuários é fundamental e deve ser feito regularmente. A percepção dos profissionais da informação sobre a demanda de informação estatística é valiosa, até mesmo para ajudar na definição do tamanho das séries estatísticas.

Uma organização, não importa o porte dela, sempre tem demanda para dados estatísticos e essas necessidades são bem variáveis, pelas características e complexidade do negócio. Quanto mais complexo e competitivo é o mercado da empresa, maior o nível de uso e sofisticação dos dados estatísticos exigidos.

Bancos de dados estatísticos estão disponíveis para serem assinados/adquiridos, na mídia editorial e podem ser disponibilizados na empresa, mas, caso esta seja de porte maior e os usuários estejam pulverizados em muitos setores, talvez seja necessário construir um banco de dados estatístico que cubra seus interesses e reúna todos os dados importantes em um mesmo ambiente.

- Normalmente, os produtos de informação estatística são os bancos de dados; os boletins tornam-se apenas um facilitador para os usuários, na manipulação e na divulgação dos dados.
- O levantamento de necessidades desses dados estatísticos com os usuários é fundamental, e isso deve ser regularmente feito pela equipe de informação. É importante, também, a percepção dos profissionais da informação a respeito da demanda de informação estatística.
- A motivação para sua construção passa, muitas vezes, pela necessidade de racionalizar o trabalho dos profissionais da informação e dos outros profissionais da empresa, dada a repetição sistemática de solicitações de certos tipos de dados pelos usuários.
- O boletim estatístico pode ser um facilitador para os usuários, mas não é imprescindível, caso a empresa possua um banco de dados estatístico automatizado.
- É possível, ainda, a opção de a empresa adquirir, no mercado editorial, publicações estatísticas ou um banco de dados estatístico que cubra suas necessidades e, nesse caso, torna-se dispensável a construção de um produto de informação estatístico.
- Deve-se recorrer aos objetivos, planos e metas da empresa e analisar quais indicadores se mostram mais adequados. Deve-se comparar tal análise com as solicitações dos usuários, ou seja, deve-se desenvolvê-la de acordo com o negócio.
- Dados econômicos e financeiros são muito utilizados e solicitados pelas mais diversas áreas da empresa, como, também, dados relativos aos produtos e serviços da empresa, como os de insumos, de produção, consumo,

- importação, exportação, etc. Mas dados relativos a preços são essenciais e são os mais solicitados para constar do banco.
- Não é comum, em bancos de dados estatísticos, apresentarem-se dados voltados para a previsão. Entretanto, caso se consigam boas fontes de informação de previsão em forma de dados estatísticos, isso enriquecerá sobremaneira o produto de informação.
- Deve-se ter uma boa solução de TI. Existe no mercado uma abundância de *softwares* disponíveis para serem adotados, o que dependerá do ambiente informacional existente na organização.
- Após a determinação de quais indicadores devem fazer parte do banco, necessita-se definir o tamanho das séries históricas e, dependendo do número de tabelas que vão ser criadas, deve-se dividi-las em capítulos e em quais fontes de informação serão suas supridoras para atualização. As fontes são a alma do banco de dados estatístico e podem estar espalhadas por todo o acervo da organização e na *Internet*.
- Caso se decida pela construção de um grande banco de dados estatístico, tal atividade exigirá um bom tempo do profissional da informação na atualização dos dados. O segredo do sucesso desse tipo de produto de informação é estar permanentemente atualizado.
- Após lançamento e divulgação do banco de dados estatístico, deve ser feito um acompanhamento do seu nível de acesso, e os melhores lugares para ele ser visualizado é a *Intranet* e o Portal Corporativo. Como é conhecido o número de usuários dele, deve-se acompanhar a sua audiência e verificar o índice de utilização e acesso.
- Decorrido certo tempo de exposição do banco de dados estatístico aos usuários, é preciso fazer novos levantamentos de necessidades e checar o que já consta do banco. Mediante pesquisa de satisfação deve-se verificar a importância e a utilização dos dados e, com base no controle de acesso ao banco de dados, analisar a freqüência de uso e a quantidade de acessos.

Normalmente, existem as entidades coletoras e geradoras de informação estatística de um setor ou ramo de negócio, apresentando resultados de produção, importação, exportação, consumo, etc., tanto privadas quanto governamentais.

O mapeamento de necessidades de informação estatística é, talvez, o mais simples de ser realizado. Pesquisar nos setores da empresa que possuem necessidades de informação estatística é o que determinará o alcance e a profundidade de como ela será disponibilizada aos usuários.

A solução por meio de questionários traz bom resultado no mapeamento de necessidades de dados estatísticos e, daí, pode-se estudar a maneira de melhor atender aos usuários, quer seja mediante a entrega direta de boletim, quer seja por meio de banco de dados.

A preocupação maior é detectar que dados estatísticos são importantes/ necessários no desenvolvimento dos trabalhos dos usuários e que facilitem os resultados da organização.

- É importante ter critérios para seleção das fontes de informação, optando pelos órgãos representativos do setor e dos governos. As fontes têm de cobrir, principalmente, temas que atingem aspectos da produção, da importação, exportação, preço, finanças, mercadológicos, etc.
- Apesar de parte das fontes de informação estatística serem encontradas gratuitamente, algumas necessariamente deverão ser adquiridas, especialmente se forem vitais para o negócio.
- As fontes de informação estatística são utilizadas e direcionadas tanto para setores específicos da organização quanto para a geração de produtos de informação.
- A credibilidade e a qualidade dessas fontes de informação estatística são fundamentais para sua manutenção no acervo.

Exemplo de boletim estatístico
Índices Atualizados (IA)

O IA é um boletim *estatístico* editado mensalmente desde 1981. Tem por objetivo levar às áreas funcionais da Empresa um conjunto selecionado de dados e índices econômicos do Brasil que, por sua utilização nas transações comerciais correntes, necessitam de constante e rápida atualização. Para compor o IA, foram pesquisados, com os usuários, os índices mais utilizados no dia-a-dia de suas respectivas áreas funcionais. Essa pesquisa é realizada periodicamente.

Seu público-alvo é de 200 usuários e o boletim é gerado com base no BDE. Periodicamente, a cada três anos, é realizada nova pesquisa de necessidades de dados estatísticos nas áreas para checar a validade do que está sendo divulgado e levantar novas necessidades.

Hoje, a construção do IA é retirada do BDE, semelhantemente ao que acontece na construção do IB, que é retirado do BDR.

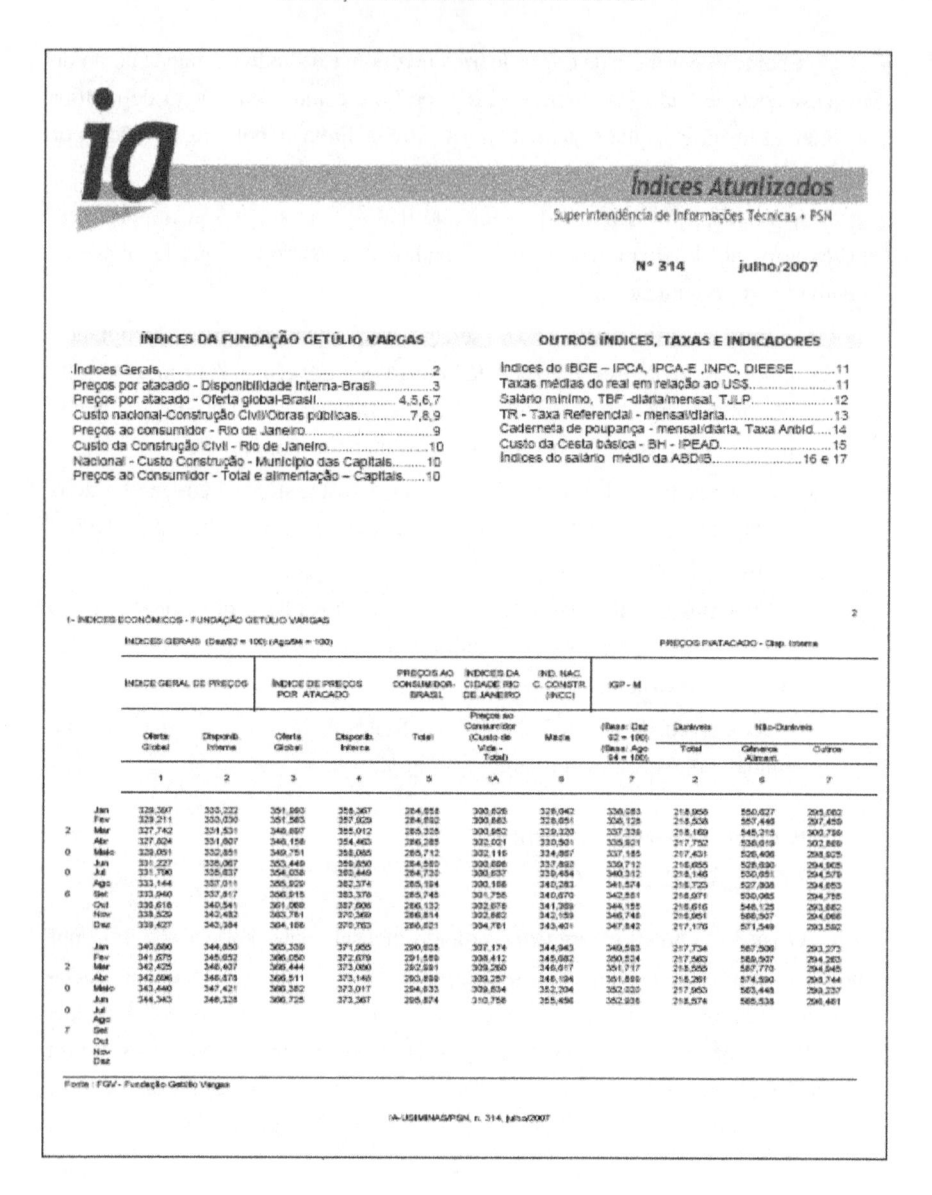

Exemplos de bancos de dados estatísticos

Banco de dados estatístico (BDE)

O BDE é um banco de dados *estatístico* que acompanha permanentemente mais de 2 mil indicadores nacionais e internacionais, voltados para a atividade siderúrgica e a realidade econômica. É constituído dos seguintes assuntos:

– **Economia** (indicadores de inflação no Brasil, indicadores de correção monetária, câmbio, indicadores salariais no Brasil, indicadores macroeconômicos do Brasil);

– **Siderurgia** (dados de produção, importação, exportação, setores consumidores, etc., em diversos mercados);

– **Preços de insumos siderúrgicos** (minério de ferro, sucata, carvão, gusa, etc., em diversos mercados);

– **Preços de produtos siderúrgicos** (aços planos e longos em diversos mercados);

– **Indicadores siderúrgicos** (comparativo dos dados da Usiminas e da Cosipa com empresas siderúrgicas nacionais e internacionais).

Periodicamente, é realizada consulta aos usuários sobre suas novas necessidades de dados estatísticos, e essa coleta é que determina a montagem do BDE.

O BDE tem atuação de interesse de uso geral, atingindo ampla faixa de usuários. Exige atualização diária e um bom tempo de trabalho do profissional da informação. Seu diferencial em relação ao que existe no mercado editorial é que ele reúne, em um mesmo local, informações de centenas de fontes estatísticas. É de fácil acesso, permitindo vários caminhos para se chegar à estatística de seu interesse.

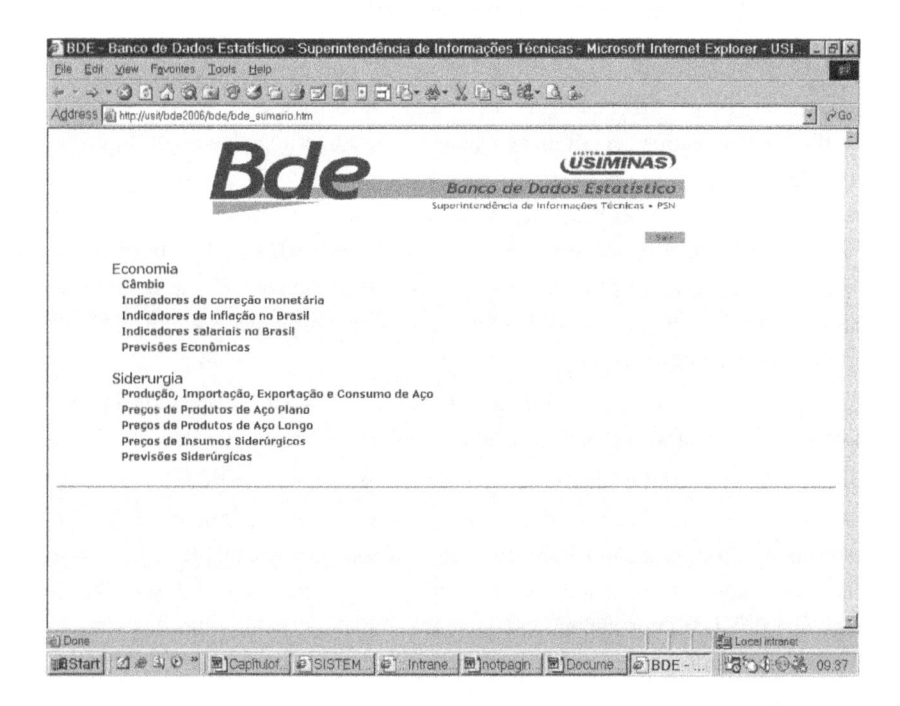

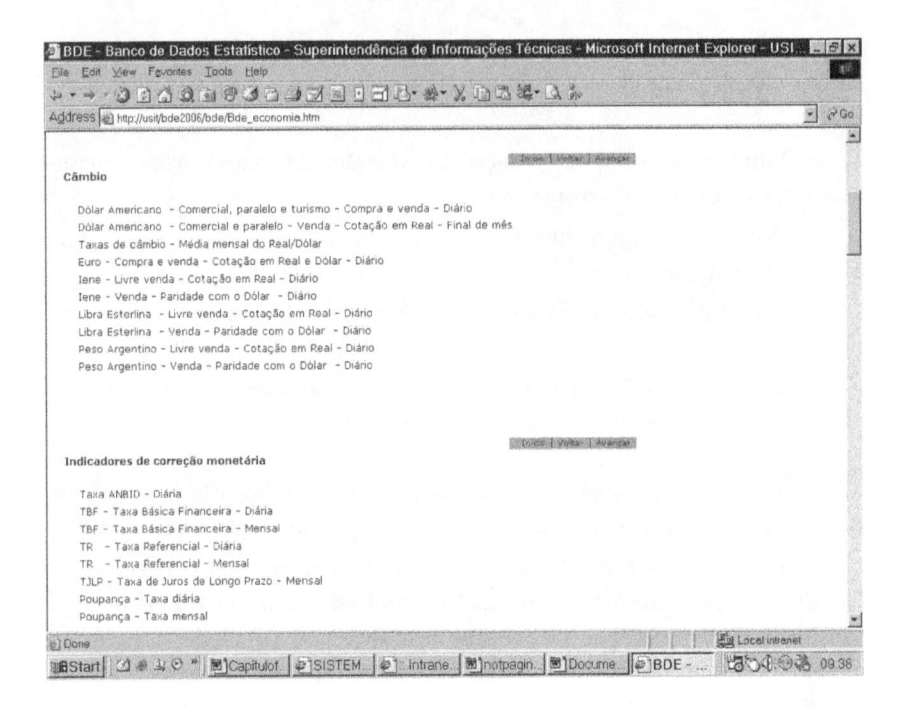

Banco de dados estatístico referencial (BEST)

O BEST é um banco de dados *referencial* que permite a recuperação de dados estatísticos referenciais de interesse da siderurgia e de áreas correlatas, contidos nos anuários e periódicos existentes na Superintendência de Informações Técnicas do Sistema Usiminas. Os dados do banco indicam onde pode ser encontrada a informação estatística. Esse banco é um facilitador, principalmente, para os profissionais da informação, já que indica onde está o dado estatístico nas fontes existentes no acervo e nos *sites* da *Internet* assinados. Como o conteúdo das fontes está explícito, os usuários têm a possibilidade de localizar em que fonte está o dado de interesse deles.

O BEST é de interesse geral dos usuários e é ferramenta excepcional para o profissional da informação. Possui uma planilha de entrada de dados. Não há similar no mercado editorial. A recuperação de informação é fácil e intuitiva.

Esse banco facilita a localização de dados estatísticos por qualquer pessoa, já que indica onde está contido determinado dado ou informação. Ele é o retrato de dezenas de anuários existentes no Sistema Usiminas, das revistas e das publicações que divulgam constantemente tabelas estatísticas, bem como dos *sites* da *Internet* utilizados para levantamentos de informação de interesse.

Esse banco foi construído por não ser possível colocar toda a base estatística de interesse no BDE. As tabelas estatísticas referenciadas fazem parte do acervo da empresa, mas não estão disponíveis na *Intranet*. O banco indica para o usuário que ele existe na empresa e pode ser solicitado. É uma grande ferramenta para o profissional da informação, pois não é mais preciso ser um grande conhecedor/localizador das estatísticas, já que qualquer pessoa pode acessar o banco e localizar a informação. Essa é a alma desse banco.

Disseminação da informação

A disseminação da informação permite levar a informação necessária a quem precisa dela. Para disseminar a informação, a organização pode optar pelo método de divulgação ou de busca pelo usuário. Normalmente, o melhor sistema de disseminação é o que combina os dois métodos: fornecem-se determinados tipos de informação aos usuários e permite-se que outros dados sejam acessados na medida da necessidade ou do interesse.

A disseminação de informação, nos últimos anos, cresceu exponencialmente com a modernização dos recursos de informática, o que permitiu a democratização das informações na *Intranet* e no Portal Corporativo. Com isso, é possível que todos os funcionários da empresa tenham acesso a seus bancos de dados/boletins/serviços.

Hoje em dia, a disseminação eletrônica de informações é de muito baixo custo e eficiente. Sistemas de correio eletrônico podem ser usados para divulgar boletins, enviar resultados de pesquisa bibliográfica, fornecer documentos, etc.

Uma rede de comunicação de TI bem estruturada proporciona maior eficiência na distribuição da informação, facilitando sua disseminação para apoiar decisões e melhorar o desempenho corporativo.

Segundo Richards (1992), a disseminação de informações pode estimular a criatividade, resultando em novos produtos e processos; ela pode identificar novos mercados e clientes potenciais, procedimentos mais eficazes em termos de custo, novos fornecedores e materiais. Quando usada sabiamente, a informação proporciona benefícios tangíveis a uma organização na forma de menores custos, maiores eficiência, produtividade e qualidade, maior volume de vendas e melhor lucratividade global.

A disseminação de informações tecnológicas, econômicas, comerciais e de negócios é de vital importância para a organização. A absorção de informações adequadas traz vantagens competitivas sustentáveis, propicia segurança na realização de negócios e na oferta de produtos e serviços de qualidade.

Normalmente, o dia-a-dia dos empregados deixa pouco tempo para a busca da informação e, se o usuário não for provocado para o uso da informação, ele só recorrerá a ela quando não tiver outra solução. A equipe de informação – ou os profissionais da informação – tem a missão e o dever de divulgar e disseminar seus produtos de informação como se estivesse vendendo para sobreviver dentro da organização.

Não se pode acreditar que basta criar um sistema ou produtos de informação de fácil acesso, atualizados, dinâmicos, ágeis, etc., e que toda a organização utilizará esses produtos e serviços. Se o usuário não for incitado a usar a informação, ele só recorrerá aos produtos de informação quando não houver outra solução.

A divulgação interna deve ser atuante, utilizando todas as ferramentas disponíveis, jornais internos, *banners* na *Intranet* e no Portal Corporativo, *e-mails*, apresentação de trabalhos, palestras, ofertando curso de melhor uso do banco de dados, participação em grupos de trabalho, etc. Desenvolver um plano de divulgação é essencial para a sobrevivência dos produtos e serviços de informação.

Com o desenvolvimento da TI, o atendimento personalizado só deve ser estimulado quando há necessidade de discutir as várias faces da consulta e das urgências. Os boletins, bancos de dados e serviços disponibilizados na *Intranet* e no Portal Corporativo têm de ser suficientes para atender de 90% a 95% do público, deixando cerca de 5% a 10% para um atendimento mais próximo, ou seja, pessoal.

É importante permitir que os usuários tenham acesso direto aos bancos de dados desenvolvidos na organização e aos externos, para que obtenham quantidade de informação que desejarem sem ser preciso definir formalmente as necessidades deles. A melhor maneira atual é utilizar a *Intranet* e o Portal Corporativo.

Quando há uma solicitação do usuário e a resposta está nos produtos e serviços de informação do setor, deve-se aproveitar esse momento para ensinar o usuário a localizar. Com isso, espera-se que, no futuro, o usuário torne-se mais independente na localização das suas necessidades de informação.

A disseminação de informação, principalmente por meio de boletins, é o fator-chave de sucesso, sempre na procura de antecipar as necessidades dos usuários. Para isso, é necessário pesquisar, dentro da organização, quem deve receber ou ser avisado, via correio eletrônico, da edição do boletim. Com essa atitude, forma-se o cadastro do público-alvo do boletim, que deve passar, continuamente, por atualizações.

Na disseminação, deve-se buscar oferecer aos usuários o volume adequado de informações por meio de quaisquer produtos de informação, de modo que elas sejam facilmente assimiladas. Não se pode ter a tentação de distribuí-los amplamente, sem uma clara definição de quem é interessado naquele assunto ou tema.

Hoje, a disseminação de boletins é muito mais fácil de ser executada, dado o avanço da tecnologia da informação (TI), com suas múltiplas soluções de *softwares* e o barateamento do custo de armazenamento. O envio de informação ou resultados de pesquisa bibliográfica tornou-se uma rotina nas empresas de grande porte. Informações contidas nos boletins editados e nas fontes de informação adquiridas são indexadas em bancos de dados, que devem ser disponibilizados a todos os usuários sem grandes preocupações com o custo de armazenamento. Outra vantagem da disseminação eletrônica é a proliferação de microcomputadores na empresa, atingindo todos os níveis hierárquicos, o que veio facilitar a disponibilização da informação a todos, por meio de boletins, de bancos de dados e da prestação de serviços.

Em uma *Intranet* ou Portal Corporativo ativo, em que se concentrem, em um mesmo ambiente, todas as informações pertinentes à organização, os produtos e serviços de informação externa adquirem uma maior força. Os boletins e bancos de dados devem ser divulgados aos usuários e disponibilizados em local de fácil acesso.

As organizações não podem desprezar a estratégia de utilizar o correio eletrônico para estimular o acesso e a leitura. Permanentemente devem utilizar as mensagens do correio para atrair os usuários – público-alvo – sugerindo-lhes acessar e obter, na íntegra, as informações contidas nos boletins e bancos de dados, pois é de importância manter os usuários sempre atualizados, com as informações facilmente disponíveis a qualquer momento.

Segundo Choo (1998), a distribuição da informação é o processo pelo qual as informações se disseminam pela organização, de maneira que a informação correta atinja a pessoa certa no momento, lugar e formatos adequados. Uma ampla distribuição pode ter muitas conseqüências positivas: o aprendizado organizacional torna-se mais amplo e freqüente; a recuperação da informação torna-se mais provável; novas informações podem ser criadas com a junção de itens esparsos. O objetivo final da distribuição da informação é promover e facilitar a partilha de informações, fundamental para a criação de significado, construção de conhecimento e tomada de decisões.

A disseminação dos produtos de informação deve utilizar todos os recursos disponibilizados pela organização. Fazem parte da disseminação:

- cadastro dos usuários considerado público-alvo para cada produto de informação;
- mensagem de correio eletrônico para divulgar o que de mais importante está sendo tratado no boletim. No correio, já deve vir o *link* para acesso imediato do produto de informação;
- armazenamento em bancos de dados e disponíveis aos usuários;

- a *Intranet* e o Portal Corporativo da organização devem dar uma atenção especial aos produtos de informação voltados para seus aspectos externos.

É comum, hoje, a organização ter um programa de integração de novos empregados, e quando ele acontece deve-se aproveitar a oportunidade de divulgar as possibilidades de uso de informação e de todos os recursos de informação disponíveis. Após a apresentação dos produtos e serviços de informação, o novo empregado, ao chegar à sua área de atuação, já deverá encontrar um *e-mail* apresentando-lhe a gama de opções a cujo acesso ele tem direito, e também cujo recebimento periódico ele pode escolher.

Um fator de grande importância na fixação e na sustentabilidade dos produtos e serviços de informação é a participação dos profissionais de informação nos diversos comitês existentes na organização, seja de cenários econômicos e tecnológicos, seja de concorrência, patentes, qualidade, etc., e, ainda, daqueles montados temporariamente; bem como em reuniões da alta administração e nas de investimento, de planos de pesquisa e desenvolvimento, de engenharia, com o objetivo de apoiar suas necessidades de informação. Isso leva os profissionais de informação a ter uma sintonia com os negócios, anseios e práticas da organização, com a cultura organizacional da empresa. Quanto mais presentes e atuantes eles forem, mais os produtos e serviços de informação são lembrados e requisitados.

No caso de disseminação e divulgação de um produto de informação, deve haver algumas atenções na procura de ser útil e na sua sobrevivência em longo prazo. Segue-se a síntese daquilo que já foi explanado:

- Deve-se sempre fazer a divulgação do boletim direcionada ao público-alvo e é primordial, periodicamente, realizar a verificação da qualidade do seu produto de informação mediante pesquisa de satisfação.

- A determinação do público-alvo do boletim é vital para sua sobrevivência, pois é sobre ele que se construirão as campanhas de divulgação, a verificação da sua validade e sua continuação. Deve-se ter um cadastro com os dados do usuário e tornar claro a todos que o recebimento do boletim é aberto e opcional.

- O profissional da informação deve utilizar todas as ferramentas de comunicação disponíveis na empresa para divulgar o produto de informação; e isso pode ser feito de diversas maneiras, como: procurar as áreas-alvo para apresentar o produto, divulgá-lo por meio de palestras em seminários internos e/ou criar condições para palestras, *banners* na própria *Intranet*, nos jornais da empresa, em cartazes, murais, etc.

- A forma eletrônica é a maneira mais viável e econômica para manter boletins e bancos de dados nas empresas e, com seu avanço constante, oferece

- múltiplas soluções de *softwares*; e o armazenamento de arquivos de informação tornou-se de muito baixo custo.
- A *Intranet* e o Portal Corporativo apresentam-se como os locais mais adequados para disseminar informações nas organizações, pois têm enorme penetração diante perante os usuários. Hoje é normal que a quase-totalidade dos empregados trabalhem com computador na mesa. A *Intranet* e o Portal Corporativo vieram democratizar a informação.
- O banco de dados somente sobreviverá se seu conteúdo for de qualidade e útil no dia-a-dia dos usuários. Ele só vai se firmar mediante os bons serviços que presta, fornecendo, com agilidade, as informações e os dados selecionados; e, ainda, deve ser de fácil operação de busca e acesso.
- Como divulgação, os programas existentes de integração de novos empregados devem ser aproveitados, apresentando-lhes as possibilidades de uso dos produtos de informação e a gama de opções de acesso.
- A disseminação de informação oportuna, principalmente por meio de boletins, para seu público-alvo é o fator-chave de sucesso. Para isso, é necessário pesquisar dentro da organização quem deve receber o boletim ou ser avisado da edição dele, via correio eletrônico. Com essa atitude forma-se o cadastro do público-alvo do boletim, que deve passar por constantes atualizações.
- As mensagens do correio devem ser utilizadas para atrair os usuários (público-alvo) a acessar, na íntegra, as informações contidas nos boletins.

Alguns itens merecem atenção maior para se obter um bom caminho de divulgação e de disseminação dos recursos disponibilizados pela organização. Para que isso aconteça é necessário:
- cadastrar os usuários considerados público-alvo para cada produto de informação;
- redigir mensagens de correio eletrônico para divulgar o que de mais importante está sendo tratado no boletim. No correio, deve constar o *link* para acessar imediatamente o produto de informação;
- armazenar as informações de interesse dos boletins em bancos de dados para que fiquem disponíveis aos usuários;
- expor adequadamente os produtos de informação, com destaque para a *Intranet* e o Portal Corporativo.

Exemplos de mensagens dos boletins enviadas pelo correio eletrônico aos usuários-alvo

---

1. Boletim *Mercado e Produtos de Aço* (MPA)

Caro Leitor:

Para acessar o Boletim MPA de mês/ano agora, basta clicar em:
http://ubhz01i01/PSN/mpaPSN.htm

Confira estes e outros assuntos que fazem parte desta edição:
PERSPECTIVAS DO MERCADO MUNDIAL DE AÇO

Síntese do Mercado Mundial de produtos planos e matérias-primas da América do Norte, Europa, Ásia e Emergentes

RESUMO EXECUTIVO DO MERCADO MUNDIAL DE AÇO

O excesso de estoque nos mercados asiáticos e nos países emergentes acionou uma liquidação nos preços de aço nos dois últimos meses de 2005, enquanto os preços norte-americanos desafiaram a gravidade. O resultado foi uma crescente disparidade entre os preços. De maneira incomum, não há previsão de grandes variações de preços durante o ano, uma vez que um lado da oferta mais disciplinado e mercados regionais divergentes dão suporte a um ciclo relativamente estático.

AS PERSPECTIVAS DA ECONOMIA MUNDIAL E A DEMANDA DE AÇO
O forte desempenho da PI da UE no final de 2005 é muito encorajador, e a forte demanda de manufatura para os mercados de exportação e doméstico parece positiva. Nos Estados Unidos, os baixos estoques, os crescentes pedidos ainda não processados e um dólar mais fraco, que reduzirá a demanda por importados, devem combinar para uma expansão na atividade manufatureira no próximo trimestre.

PERSPECTIVAS DO MERCADO DA AMÉRICA DO NORTE
Preços finalmente se enfraquecem
Como há muito previsto, os preços finalmente parecem ter se enfraquecido na segunda quinzena de janeiro. A Nucor está reduzindo seus preços à vista em US$5/tc em fevereiro e em US$10/tc em março.

PERSPECTIVAS DO MERCADO DA EUROPA
Preços baixos de importação ameaçam o mercado
O excesso de oferta dos mercados asiático e emergentes nos dois últimos meses de 2005 permanece presente no mercado europeu e está servindo para evitar que os fornecedores da UE elevem os preços.

PERSPECTIVAS DO MERCADO DA ÁSIA
Preços chineses sobem
Os estoques de aço mais baixos e a constante força da demanda finalmente parecem ter movimentado o mercado na última semana e os preços subiram marginalmente no mercado doméstico.

http://ubhz01i01/pgn/mpapgn.htm
Superintendência de Informações Técnicas –PSN
Solução com Informação

Caso não queira mais receber esta mensagem, favor retorne-a, substituindo "MPA" no campo **Assunto** por "Cancelamento MPA".

2. Boletim *Índices Atualizados* (IA)

Caro Leitor:

Para acessar o boletim IA de mês/ano agora, basta clicar em :
http://ubhz01i01/pgn/iapgn.htm

Você também pode acessar os índices referentes ao mês de março/2006, e todos os indicadores que fazem parte do "Índices Atualizados" (IA), através do Banco de Dados Estatístico (BDE).

http://ubhz01i01/pgn/mpapgn.htm
Superintendência de Informações Técnicas – PSN
Solução com Informação

Caso não queira mais receber essa mensagem, favor retorná-la, substituindo "IA-Índices Atualizados " no campo assunto por "Cancelamento IA".

3. Boletim *Informações Bibliográficas* (IB)

Caro usuário:

Para acessar o *Informações Bibliográficas* (IB) de mês/ano,
basta clicar em : http://iPgn/Pgn/Btib.htm

Veja o título dos principais artigos divulgados nos capítulos de seu interesse:
ECONOMIA

- ASIA rising: patterns of economic development and growth. FMI
- Beyond the green corporation. Business Week
- HOW do financial systems affect economic cycles? FMI
- The world's most admired companies.Fortune
- LIQUIDEZ INTERNACIONAL E CICLO REFLEXO: ALGUMAS OBSERVAÇÕES PARA A AMÉRICA LATINA. Revista de Economia Política

ADMINISTRAÇÃO

- A EVOLUÇÃO QUE REVOLUCIONARÁ. HSM Management,
- O LABORATÓRIO DE INOVAÇÃO EM GESTÃO. HSM Management

GESTÃO DE PESSOAS

- AS PROMESSAS PRECISAM SER CUMPRIDAS – 1ª PARTE. Qualimetria
- OS CICLOS E SEUS RITMOS AVALIANDO CARREIRAS E VIDA. Marketing Industrial
- UMA NOVA ESPÉCIE DE PROFISSIONAL. HSM Management
- CONFIANÇA: O COMBUSTÍVEL ECOLÓGICO DOS RELACIONAMENTOS EMPRESARIAIS. Marketing Industrial

GESTÃO ORGANIZACIONAL

- EXERCÍCIO MENTAL EM CINCO TEMPOS. HSM Management
- COMO EVITAR O CÂNCER ORGANIZACIONAL. Qualimetria
- DOZE DIFERENTES CAMINHOS PARA A INOVAÇÃO NA EMPRESA. Marketing Industrial
- O PAPEL E O VALOR DAS RELAÇÕES COM INVESTIDORES. Relações com Investidores
- INOVAÇÃO: DIFERENCIANDO PARA PROSPERAR. Marketing Industrial

TRANSPORTE / LOGÍSTICA

- QUANDO MUDAR O SISTEMA DE ESTOCAGEM. Logística Movimentação e Armazenagem de Materiais
- COLABORAÇÃO: UMA ALTERNATIVA PARA A EFICIÊNCIA LOGÍSTICA. *Revista Tecnologística*

SIDERURGIA GERAL
- Best practice: are mini-mills comparable? In: IRON AND STEEL TECHNOLOGY CONFERENCE – AISTech, 2006
- The appel of Poland on the international stage. Steel Times International
- Production and distribution: the changing role of the intermediary. Steel Times International
- Fundamentals and practicality of the development of a new and better ironmaking process. AIST. IRON AND STEEL TECHNOLOGY CONFERENCE – AISTech, 2004
- EuroCoke summit 2006 – Intertech conference, Dusseldorf what a difference 18 months makes. Steel Times International
- QUEBRA DE PARADIGMA PARTE I. Metalurgia & Materiais

ENERGIA
- Fuel savings for slab reheating furnaces through oxyfuel combustion IRON AND STEEL TECHNOLOGY CONFERENCE – AISTech, 2006

MINERAÇÃO
- TENDÊNCIAS TECNOLÓGICAS EM HIDROMETALURGIA. Brasil Mineral

SINTERIZAÇÃO
- Emissions control evolution at CST's sintering machine stack. IRON AND STEEL TECHNOLOGY CONFERENCE
- Introduction of variable frequency drive for 8.4 MW waste gas fan and a novel process control philosophy for new sinter plant at Tata Steel. AIST. IRON AND STEEL TECHNOLOGY CONFERENCE – AISTech, 2004.

CARVÃO / COQUERIA / CARBOQUÍMICOS

Coal flow aids reduce coke plant operating costs and improve production rates. AIST. IRON AND STEEL TECHNOLOGY CONFERENCE – AISTech, 2004

Boletim Atualidades Técnico-Siderúrgicas (ATS)

Caro Leitor:

Para acessar o 'ATS-Atualidades-técnico Siderurgicas nº324 abril/2006 agora, basta clicar em :
http://ubhz01j01/pgn/atspgn.htm

Confira estes e outros assuntos que fazem parte desta edição:
TÉCNICAS

SIDERURGIA MUNDIAL
Estratégias e ações implementadas em 2006
ALUMÍNIO NA PRODUÇÃO DE AÇO
Os mais recentes desenvolvimentos e ações dos fornecedores do insumo para a siderurgia
INSTALAÇÕES SIDERÚRGICAS
Reformas e modernizações no cenário mundial
REVESTIMENTO CERÂMICO
Protege aço e superligas metálicas contra corrosão
TRANSFERÊNCIA DE TECNOLOGIA
Empresas de engenharia chinesas buscam know-how na Europa
CORTE LONGITUDINAL
Como evitar problemas no corte ao comprido de bobinas
ACIDENTES DE TRABALHO
Lusosider reduz ocorrências em 66%

INOVAÇÕES TECNOLÓGICAS
Decapagem por escovação é um destaque à parte
AÇO NA CONSTRUÇÃO CIVIL
O arquiteto do ano
UMA NOVA IDADE DO FERRO
Projetos de insumos metálicos explodem por todo o mundo

http://ubhz01i01/pgn/atspgn.htm
Superintendência de Informações Técnicas -PSN
Solução com Informação

Caso não queira mais receber essa mensagem, favor retorná-la, substituindo "ATS" no campo **assunto** por "Cancelamento ATS".

Uso da informação

É de suma importância disseminar os produtos de informação, mas é também necessário monitorar o uso que é feito da informação disponibilizada. Mesmo existindo produtos voltados para o foco do negócio da empresa, as necessidades de informação mudam de enfoques e, caso não se acompanhe a vida da empresa, tais enfoques tornam-se deficientes ou inadequados em médio e em longo prazos. O uso dos produtos e serviços de informação deve ser monitorado a fim de que as mudanças na organização sejam medidas e se obtenha poder de reação para mudar o rumo de produtos, principalmente nos aspectos do conteúdo da informação.

Com a equipe de informação participando ativamente na vida da organização, é possível fazer um trabalho ativo. Se ela conhece a empresa, participa dos grupos de trabalho, dos planos de investimento e das decisões da alta administração, antecipar necessidades de informação torna-se uma tarefa mais simples. A antecipação da informação tem a grande vantagem de preparar os usuários para prováveis situações futuras. É importante, também, armazenar essas informações em bancos de dados para uso futuro.

Um produto de informação ou uma gestão da informação sempre necessitará de aperfeiçoamentos. Nesta área de informação a atenção para mudanças é uma constante. É preciso questionar constantemente a viabilidade e o valor de seus produtos de informação, principalmente nos aspectos de custo de sua produção, treinamento permanente dos profissionais da informação e na evolução da tecnologia da informação.

O uso representa a etapa mais importante do processo de gestão da informação. Não é a existência da informação que garante melhores resultados numa organização, mas, sim, o uso dela.

Avaliar o uso da informação pelos usuários é uma tarefa quase impossível para os profissionais da informação, mas existem artifícios de aproximação para estimá-la. Com as informações sendo disponibilizadas na *Intranet*, ou redes, ou Portal Corporativo, é possível medir o número de acessos e obter outras informações dos bancos de dados, boletins e serviços de informação.

Para garantir o uso da informação, torna-se necessário facilitar, ao máximo, o sistema de solicitações pelos usuários. Solicitações por formulários simples disponibilizados na *Intranet* e no Portal Corporativo, via correio eletrônico, telefone e pessoalmente, devem ser aceitas. Formulários longos e detalhados devem ser evitados. Caso as informações necessárias não estejam disponíveis, é preciso atender aos pedidos com presteza e agilidade.

A monitoração do produto ou produtos e serviços de informação pode propiciar aos profissionais da informação a leitura do que está sendo utilizado ou não e, com isso, algumas medidas podem ser tomadas, como:

- ampliar, eliminar ou propor modificação nos produtos e serviços de informação;
- realizar o levantamento com os usuários sobre a razão pela qual o produto ou serviço não está sendo utilizado ou está sendo pouco utilizado;
- caso o público-alvo seja muito disperso e a informação disseminada seja de importância para os negócios, estudar possibilidade de fazer pesquisa de satisfação ou de realizar mapeamentos de necessidades de informação mais freqüentemente;
- analisar a listagem do público-alvo que está recebendo o produto de informação para averiguar se não está havendo desvios.

A existência de monitoração de acesso após a divulgação dos produtos de informação já é um primeiro passo para análise. Em bancos de dados, se houver indicações de qual foi o argumento de busca e qual o resultado da pesquisa realizado pelo usuário, será possível fazer várias análises do uso da informação, verificando a incidência de assuntos, por exemplo, a facilidade/dificuldade na montagem das estratégias de busca pelos usuários, etc.

A preocupação com o *feedback* dos usuários deve ser permanente e, para isso, podem ser utilizados os contatos informais, quando o profissional da informação é visitado, ou quando ele visita os usuários, ou até mesmo nos contatos de corredor, no almoço, em seminários, encontros, reuniões, etc. Para se obter um *feedback* efetivo é essencial que o profissional da informação seja participante ativo de atividades importantes que influenciam os caminhos da empresa. Deve-se procurar também levantar, em públicos específicos, *feedback* formal, por meio de questionários bem sucintos. A pesquisa de satisfação é outra maneira de buscar *feedback* dos usuários e ela deve ser periodicamente praticada pelos profissionais da informação.

Segundo Richards (1992), mesmo que as estatísticas de utilização pareçam elevadas, deve ser questionado se os serviços são realmente valiosos para todos os usuários ou apenas para um pequeno grupo entusiasmado. Os serviços contribuem para o desempenho efetivo da organização? Existem deficiências? Algum serviço não é mais necessário? O que mais deveria ser oferecido? Assim, é preciso estimular o *feedback* dos usuários para assegurar que os serviços continuem dinâmicos, interativos e ágeis em relação às necessidades deles. Que o usuário fique a par dos desenvolvimentos dos negócios da organização, de modo que o produto de informação não apenas atenda às necessidades percebidas, mas possa antecipar necessidades, antes que sejam formalmente expressas.

O uso de ferramentas adequadas para divulgar e controlar o uso dos produtos de informação é necessário. Quando se analisam as estatísticas de acesso aos produtos de informação, percebe-se que, no lançamento desses, haverá um grande número de acessos e, com o passar do tempo, pode haver uma queda gradativa de acomodação. Isso acontece, muitas vezes, até pela curiosidade de se conhecer o novo produto de informação. Passado o tempo de novidade, apenas o seu público-alvo o acessará, o que não dispensa a essencial necessidade de divulgá-lo. É necessário monitoramento constante para avaliar o nível de acesso e para utilizar as ferramentas de divulgação na sustentação do produto de informação.

A realização de pesquisa de satisfação como os usuários é fundamental para a manutenção e o direcionamento de novos rumos para o plano de divulgação. O resultado das pesquisas é, normalmente, um indicativo de novas ações para melhor aproximar-se dos usuários, para descobrir novos caminhos de interação e para estar sempre perto das necessidades deles.

- Preocupar-se com o *feedback* dos usuários deve ser atitude permanente e deve ser realizada periodicamente. O *feedback* permite avaliar a pertinência, a apresentação e a qualidade do conteúdo do produto de informação.
- Na pesquisa de satisfação dos usuários, deve-se sempre montar um questionário curto e simples, de modo a colher comentários e idéias dos respondentes.
- Não se deve esquecer de verificar a validade das fontes de informação, da forma de divulgação e da disseminação dos produtos de informação.
- Para aproveitar e otimizar ao máximo aquele produto de informação que foi construído, deve-se fazer um trabalho de pós-implantação, de divulgação e de esclarecimento dos seus objetivos e funções e, se necessário, pode-se providenciar um treinamento específico para as áreas envolvidas.
- É primordial ter um acompanhamento da utilização das informações disponibilizadas aos usuários, ou seja, é necessário saber quantos usuários acessam os boletins, os bancos de dados e serviços, a que setor pertencem e, no caso dos bancos de dados, se possível, analisar quais os argumentos de pesquisa foram utilizados e o resultado alcançado.
- Ter controle estatístico favorece o profissional da informação na medição do uso de cada produto disponibilizado e permite, ainda, dar oportunidade

de descobrir as dificuldades de encontrar a informação por parte do usuário. Mesmo com esses recursos estatísticos, não dispensa a necessidade de realização periódica de pesquisa de satisfação dos produtos e serviços disponibilizados para toda a organização.

- É interessante e importante medir a satisfação dos usuários por meio de uma pesquisa periódica, na qual manifestem como estão percebendo o produto de informação e se este está atendendo às necessidades deles.
- Numa pesquisa de satisfação de boletins, deve-se usar de um questionário simples, de poucas perguntas e, de preferência, com questões fechadas. A grande preocupação deve ser verificar a validade dos conteúdos e a importância deles na vida dos usuários. Deve-se avaliar também o formato de apresentação, as matérias selecionadas, o conteúdo, a profundidade, as fontes de informação e a confiabilidade.

A monitoração do número de acesso aos produtos e serviços de informação propicia aos profissionais da informação a leitura do que está sendo utilizado ou não e, com isso, algumas providencias podem ser tomadas, como:
- eliminar ou propor modificação do produto ou serviço de informação;
- realizar levantamento com os usuários para conhecer a causa de o produto ou serviço não estar sendo utilizado;
- estudar a possibilidade de se fazer uma pesquisa de satisfação ou de levantamento de necessidades de informação, na estagnação ou regressão do uso;
- analisar a relação do público-alvo que está realmente recebendo o produto, para averiguar se não está havendo desvios.

A seguir, como exemplo, será mostrado o questionário e a sua compilação de resposta aos usuários do boletim *News*. Anexas, são apresentadas as pesquisas de satisfação dos boletins *MP-Conjuntura*, MPA, IB e IA, como também os resultados das pesquisas que foram divulgados para os empregados do seu público-alvo. É apresentada ainda a pesquisa de satisfação sobre o setor de informação realizada com os usuários dela.

Pode-se perceber nesses exemplos a importância de realizar pesquisas de satisfação regularmente e, realmente, que existe interesse por parte dos usuários em responder e participar, dando sugestões de aperfeiçoamentos nos produtos de informação.

Exemplo: Pesquisa de satisfação do boletim diário *News*

1. Qual é a relevância do boletim News para seu trabalho?

( ) Essencial
( ) Importante
( ) Relevante
( ) Interessante, porém não importante.
( ) Não é útil

2. Que outras fontes de informação você utiliza, atualmente, sobre o mesmo tema do boletim News?

( ) *Internet*
( ) Jornais diários nacionais
( ) Jornais diários internacionais
( ) Agência de notícias UPI, Down Jones, Agência Estado, etc.
( ) Outras fontes
Quais:_____
_____
_____

3. Como o boletim News se compara com outras fontes regulares de informação que você acessa ou recebe?

( ) Melhor
( ) Igual
( ) Pior
( ) Sem opinião

4. Como assinante, qual é o seu interesse pelos capítulos do News? Marque sua alternativa.

a) Muito alto – b) Alto – c) Baixo – d) Nenhum – e) Sem opinião

( ) Siderurgia
( ) Mercado de Aço
( ) Mineração

( ) Energia
( ) Insumos Siderúrgicos
( ) Setores Consumidores
( ) Mercado de Estruturas
( ) Transportes/Logística
( ) Gestão Ambiental
( ) Gestão Empresarial
( ) Capital Humano
( ) Finanças

5. Como você classifica a qualidade da seleção das notícias e análises contidas no boletim News?

( ) Excelente
( ) Boa
( ) Média
( ) Insuficiente
( ) Fraca

6. Como você descreve a qualidade dos dados estatísticos, tabelas, etc., contidos no boletim News?

( ) Excelente
( ) Boa
( ) Média
( ) Insuficiente
( ) Fraca

7. Existe carência de informações sobre os interesses do negócio "aço" no boletim News para o desenvolvimento de seu trabalho:

( ) Sim
( ) Não

Caso haja, quais?_____
_____
_____

8. Por favor, use o espaço abaixo para fazer quaisquer outros comentários sobre o boletim News.

_____
_____
_____
_____

Resultado da Pesquisa de Satisfação do boletim diário *News*

Data de envio:
Questionários enviados: 151
Número de respostas: 75 (50%)

1. Qual é a relevância do boletim News para seu trabalho?

(13) Essencial

(37) Importante

(17) Relevante

(8) Interessante, porém não importante.

( ) Não é útil

Parecer: Cerca de 50% dos usuários considera o *News* importante; 18% consideram-no essencial; 23% relevante; e, 9% interessante, mas não importante. Cerca de 90% percebe o *News* válido e útil para seu trabalho.

2. Que outras fontes de informação você utiliza, atualmente, sobre o mesmo tema do boletim **News***?*

(48) *Internet*

(49) Jornais diários nacionais

(5) Jornais diários internacionais

(6) Agência de notícias UPI, Down Jones, Agência Estado, etc.

(13) Outras fontes

Quais? Boletim *Autodata*; jornais de TV; *Veja*; *Isto É*; *Você S/A*; jornais virtuais; *Exame*; HSM; SBB; WSD; *Metal Bulletin*; CRU; *Tradings*; *Revista ABM*; Anfavea; IBGE; APEA; IPEA; IISI; IBS; INDA; CETIP; BNDES; FGV; INFOEXAME.

Parecer: As principais fontes alternativas são a *Internet* e jornais diários nacionais, com 80%. Como o *News* trabalha com fontes internacionais pagas, grande parte do noticiário não está disponível na *Internet*. Cerca de 30%-40% do que é publicado no *News* não está disponível em fontes de informação tradicionais. Agora, boa parte das revistas/jornais indicada pelos usuários são fontes disponibilizadas às gerências das Empresas pela Superintendência de Informações Técnicas.

3. Como o boletim News se compara com outras fontes regulares de informação que você acessa ou recebe?

(32) Melhor

(35) Igual

(3) Pior

(5) Sem opinião

Parecer: 43% o consideram melhor; 46% igual; 4% pior; e 7% não têm opinião.

4. Como recebedor, qual é o seu interesse pelos capítulos do News? Marque sua alternativa.

a) Muito alto – b) Alto – c) Baixo – d) Nenhum – e) Sem opinião

%

(17) Siderurgia

(15) Mercado de Aço

(6) Mineração

(8) Energia

(8) Insumos Siderúrgicos

(9) Setores Consumidores

(5) Mercado de Estruturas

(7) Transportes/Logística

(7) Gestão Ambiental

(9) Gestão Empresarial

(9) Finanças

Parecer: O capítulo de maior interesse, naturalmente, foi o de siderurgia. Logo a seguir, vêm os de mercado de aço, gestão empresarial, finanças e insumos siderúrgicos.

O mais relevante é que nenhum capítulo obteve valores que o menos importante para a organização superasse o mais importante.

5. Como você classifica a qualidade da seleção das notícias e análises contidas no boletim News?

(32) Excelente
(41) Boa
(2) Média
( ) Insuficiente
( ) Fraca

Parecer: A seleção de notícias e as análises foram consideradas de forma muito positiva pelos usuários: 97% as consideraram excelente/boa.

6. Como você descreve a qualidade dos dados estatísticos, tabelas, etc., contidos no boletim News?

(24) Excelente
(46) Boa
(3) Média
(1) Insuficiente
( ) Fraca

Parecer: Quanto à qualidade dos dados estatísticos apresentados, 32% a consideraram excelente e 62%, boa.

7. Existe carência de informações sobre os interesses do negócio "aço" no boletim News para o desenvolvimento de seu trabalho:

(9) Sim
(63) Não

Parecer: 88% dos respondentes se consideraram satisfeitos com o que é apresentado e 12% indicaram necessidades que estão detalhadas a seguir.

Caso haja, quais?

A) Maiores informações sobre novas tecnologias aplicadas a equipamentos.

Informações tecnológicas e sobre equipamentos siderúrgicos são divulgadas pelo *Atualidades Técnico-Siderúrgicas*. Agora, um acontecimento de grande impacto no setor siderúrgico sempre se procura divulgar também no *News*.

B) Para minha atividade, gostaria de informações comparativas com outras empresas no mesmo segmento, além da divulgação de informações trimestrais das siderúrgicas.

Dentro do possível, procuraremos trazer informações comparativas entre empresas do setor siderúrgico.

C) Comparação do consumo de energia entre as empresas, e gestão de pessoas entre as empresas do mesmo ramo, comparações salariais, gastos com treinamentos.

Quando estão disponíveis essas informações nas mídias nacional e internacional, nós temos o maior prazer em divulgá-las.

D) Valor de ações de empresas siderúrgicas e afins, bem como principais informações ao mercado dados pelas mesmas.

Este é um assunto que necessita de maior estudo para verificarmos sua viabilidade de inclusão no boletim. Será realizado, e oportunamente avisaremos.

8. Por favor, use o espaço abaixo para fazer quaisquer outros comentários sobre o boletim News.

A) Poderia ser criado um *News On line* com notícias diárias. Algumas que fossem de interesse da empresa, não esperando o próximo dia para a publicação.

Com a criação da nova Intranet no Sistema Usiminas, a sugestão é muito válida e será estudada a aplicação dela.

B) Quanto aos dados estatísticos apresentados no *News*, muitas vezes a tabela é de baixa qualidade no que se refere à visualização dos dados.

Acontece que a fonte original, principalmente o The Tex Report, já vem com deficiência de apresentação. Sempre que possível, tentaremos melhorar sua apresentação no *News*.

C) O boletim *News* é leitura diária obrigatória para mim. Mesmo quando estou viajando, acompanho-o. Não tenho crítica, mas apenas elogios. Uma única ressalva, que atualmente parece ter sido superada, era com relação a algumas interpretações de notícias. Esse problema parece ter sido solucionado. Parabéns a toda a equipe da PSN.

Realmente, já foi solucionado esse problema.

D) Acredito que o boletim esteja sendo lido por pessoas dos mais variados setores e níveis hierárquicos da Empresa. São dadas informações diversas da área relacionada ao aço e algumas relativas à gestão, de modo amplo. Apesar de haver publicações específicas sobre Recursos Humanos, acho que poderiam ser adicionadas algumas informações/artigos sobre essa área, para melhor informar ao corpo gerencial da Empresa sobre esse tema que, em última análise, e imprescindível para todos.

Ultimamente, estamos dando ênfase aos capítulos Gestão Empresarial e Capital Humano com o intuito de divulgar temas importantes que estão sendo discutidos no mundo. Agora, o *Informações Bibliográficas* (IB) mensalmente divulga dezenas de artigos voltados para o assunto Recursos Humanos.

E) Gostaria de receber informações sobre as novas leis trabalhistas e mudanças nas leis do INSS. Existem publicações voltadas para o assunto solicitado e que são distribuídas às áreas competentes.

Essas informações não fazem parte do escopo do *News*. Esse tipo de publicação é assinado pela PSN e encaminhado para as áreas que tenham interesse pelo assunto.

F) Sugiro mais informações sobre Gestão Empresarial e Recursos Humanos.

Resposta D.

G) Gostaría de parabenizá-los pelo excelente trabalho que é desenvolvido. Hoje, o *News* uma ferramenta de trabalho importantíssima em nosso dia-a-dia.

H) Boletim muito bem elaborado, contempla, no meu ponto de vista, todas as informações importantes e necessárias. Parabéns para toda a equipe.

I) Outras opiniões:

1) Informativo de qualidade e utilização comprovada.

2) É uma excelente ferramenta de trabalho.

3) Para o meu trabalho, o boletim é muito importante e, às vezes, até essencial para minhas atividades. Parabéns, e continuem sempre com esta boa seleção e ótima qualidade das informações fornecidas. Parabéns para sua equipe.

4) Melhorar a acessibilidade das notícias, bolar forma mais rápida. Mudar o nome, colocando um nome que condiz com a nossa cultura.

5) Gostaria de ver mais informações sobre atividades portuárias no Brasil e no mundo

6) Gostaría de parabenizar toda a equipe do *News* por esta importante fonte de informações

7) No tópico de finanças, que deveria ter informações das principais cotações do mercado financeiro, como dólar, inflação, poupança, bolsas e outros.

AVALIAÇÃO FINAL

Pela análise das respostas dos questionários, pode-se concluir que o *News* vem cumprindo seus objetivos. Os usuários o vêem como uma publicação útil no desenvolvimento de seus trabalhos.

O *News* é a publicação de maior circulação no Sistema Usiminas e a que dá maior visibilidade à Superintendência de Informações Técnicas no Sistema Usiminas. Agradecemos a participação de todos os respondentes. As sugestões apresentadas serão analisadas com todo carinho e, se possível, implementadas.

Gestão da informação: a decisão de implantar

A gestão da informação externa à organização é uma das preocupações atuais dos executivos na administração de seus negócios. Essa situação está reforçada pela necessidade premente de reagir os acontecimentos do seu mercado de atuação, da crescente internacionalização, do acirramento da concorrência e da globalização da economia.

Cada vez mais, as organizações estão sendo obrigadas a responder de forma ágil, com qualidade e presteza aos seus clientes e aos acontecimentos do ambiente externo à organização. A conjugação desses fatores está obrigando as organizações a melhor trabalhar tanto as suas informações internas como as informações externas que influenciam diretamente o seu ambiente de negócio.

Um dos objetivos na implantação da gestão da informação em uma organização é o de garantir que a informação seja administrada como um recurso indispensável e valioso. Outro seria garantir que essa gestão esteja alinhada com os objetivos e metas do negócio. Deve-se ter sempre em mente o foco do negócio em primeiro lugar, como também deve-se respeitar o estilo de gestão e, principalmente, a cultura da organização.

O plano de informação deve ser realizado levando em consideração a missão e os objetivos estratégicos da organização. É necessário, ainda, possuir um mapeamento dos usuários e de suas necessidades, o enfoque desejado pelos usuários e os custos para sua implantação e manutenção.

No desenvolvimento do conteúdo das informações que vão ser disseminadas e divulgadas, analisar como contextualizá-las, como transformá-las para melhor entendimento e compartilhamento, possuir fontes de informação de diferentes proveniências e, por fim, como preservar-lhes a futura utilização.

Pontos básicos que devem ser observados na implantação de uma gestão da informação em uma organização:

- a gestão da informação deve estar alinhada com a missão e os objetivos estratégicos;

- desenvolver um plano de gestão da informação voltado, preferencialmente, para a perspectiva do negócio;
- preocupar-se sempre com a máxima: a informação para as pessoas certas, no local correto, no tempo certo, no formato adequado e, se possível, com custo zero;
- ter sempre a visão de que a informação deve ser utilizada no seu potencial máximo;
- priorizar a qualidade, a disponibilidade, o uso e o valor da informação;
- o gestor da informação deve estar ligado diretamente à alta administração;
- mapear regularmente as necessidades de informação;
- considerar a qualidade das fontes de informação e sua disponibilidade;
- permanentemente, analisar o custo x benefício das fontes de informação adquiridas;
- contextualizar e compartilhar a informação de interesse.

Após tratarmos dos aspectos da construção de produtos de informação para uma organização, não me sinto à vontade em terminar este livro sem, pelo menos, discorrer sobre pontos importantes que envolvem o assunto produtos de informação e a gestão da informação, cuja influência é fundamental para sua sobrevivência e perenidade:

- acervo, recuperação e tratamento da informação;
- fronteiras da informação em uma organização;
- *software/hardware* para administrar a informação;
- perfil dos profissionais da informação;
- caminhos para uma área de informação.

Acervo, recuperação e tratamento da informação

O acervo de publicações assinadas e recebidas na organização, geralmente, localiza-se no setor de informação ou biblioteca; é uma forma de preservar e proporcionar maior facilidade de encontrar uma publicação a qualquer momento. O importante é que se tenha um local de concentração das publicações recebidas.

Em organizações de maior porte, entretanto, nem todo o material fica no setor de informação ou biblioteca, em razão, muitas vezes, da especificidade da publicação. Normalmente, são publicações de áreas de apoio como Informática, Jurídico, Recursos Humanos, Controladoria, etc. As de caráter geral e diretamente ligadas à missão da empresa – seu negócio – ficam como guarda na área de informação/biblioteca. O importante é ter a consciência de que o controle das publicações deve ser único e que nenhum setor é proprietário de nenhuma delas, mesmo tendo a responsabilidade de sua guarda.

O material de um acervo de uma organização pode ser composto de periódicos em papel e/ou eletrônico, livros, patentes, normas técnicas, trabalhos de congressos, publicações avulsas, anuários, mapas, teses, relatórios técnicos, fitas de vídeo, DVDs, CD-ROMs, microfichas, etc. A distinção entre papel e eletrônico está ficando cada vez mais tênue. A opção, muitas vezes, é do usuário, e o documento digital atualmente tem a preferência e a dominância nas organizações modernas. Anteriormente, era problemática a guarda do periódico eletrônico, em razão da ocupação de espaço no servidor e seu custo de armazenamento. Hoje, espaço em servidor é cada vez menos problemático.

Com o recebimento de documentos eletrônicos e também a sua digitalização, o espaço físico do acervo formal está diminuindo de tamanho. Além disso, esse procedimento vem facilitando o trabalho dos profissionais da informação na sua carga diária de atendimento ao usuário, permitindo-lhes que executem trabalhos mais nobres e que reflitam em mais prestação de serviços aos usuários. Outro fator a ser considerado foi a redução de custo do setor de informações, diminuindo o número de assinaturas de periódicos, de tiragem de cópias e de tempo gasto no atendimento aos usuários, pela disponibilidade *on-line* dos documentos.

Pelo lado do usuário, a grande vantagem está na facilidade e na agilidade de acesso às informações e na rapidez da realização de pesquisa bibliográfica, onde grande parte do material selecionado já está disponível em bancos de dados.

Um bom controle do acervo de publicações pode evitar gastos com repetições de assinaturas e também permite melhor avaliação de publicações semelhantes, sempre na procura de se obter uma boa relação custo x benefício.

A recuperação da informação, em decorrência do crescimento e do grande volume de publicações existentes no mundo, tornou-se necessária para suprir as necessidades dos usuários.

A crescente variedade dos objetos armazenados e o grande volume de dados exigem processos de recuperação cada vez mais desenvolvidos e, com isso, a recuperação de informação apresenta novos desafios a cada dia. Logo, um dos principais e, talvez, maior objetivo de uma gestão da informação seja proporcionar uma recuperação eficaz da informação desejada nos documentos existentes no acervo/bancos de dados.

Existem várias linguagens para indexação de documentos. No Sistema Usiminas é utilizado a CDU que é uma linguagem de indexação e recuperação de informação que abrange praticamente todos os assuntos e pode ser utilizada em acervos que lidem com qualquer tipo de suporte documental. A classificação é um meio de introduzir ordem numa multiplicidade de conceitos, idéias, informações, organizando-se em classes. As classificações podem ser especializadas, quando se concentram ou estão voltadas para um assunto determinado, ou gerais, quando abrangem o universo da informação.

Com o crescimento do volume de publicações editadas ao longo dos anos no mundo, esforços estão sendo feitos no sentido de organizar e analisar a informação, disponibilizando-a aos usuários. A organização da informação destina-se, prioritariamente, à sua recuperação, de modo eficaz, por parte dos usuários.

A adoção de bancos de dados é um sistema efetivo de recuperação de informações. Consiste, basicamente, na busca de referências, dados e/ou informações de documentos relevantes a uma dada consulta, que expressa a necessidade de informação do usuário. No primeiro estágio da análise do documento, deve-se examinar o contexto e analisar o máximo de informação possível sobre o documento. Uma vez estabelecidos os objetivos e contexto do documento, o passo seguinte é analisar os aspectos das relações conceituais entre os termos, ou seja, permitir condições básicas de análise estrutural dos vocabulários.

O usuário de um sistema de informação deve traduzir sua necessidade de informação em uma expressão de busca de uma linguagem fornecida pelo sistema. Normalmente, a expressão de busca é composta de um conjunto de palavras que tenta exprimir a semântica da necessidade de informação do usuário. A subjetividade do processo de recuperação de informação faz com que grande parte da responsabilidade de sua eficácia seja transferida para o usuário. A eficiência de um sistema de recuperação de informação está diretamente ligada ao modelo de *software* que ele utiliza.

Segundo Richards (1992), permitir que os usuários tenham acesso direto aos bancos de dados dá-lhes a capacidade de obter a quantidade de informação que querem, sem a necessidade de definir formalmente suas necessidades. O acesso a bancos de dados locais, nos quais os custos não são baseados no tempo de busca, pode estimular também a inovação, mediante o incentivo a idéias criativas durante a busca informal por informações.

A busca por informação pelo usuário é particularmente apropriada, uma vez que as interfaces atuais de software de busca são normalmente muito amigáveis e de fácil aprendizagem para o usuário. Existe uma resistência natural dos usuários em não quererem realizar suas próprias buscas, muitas vezes acreditando que não saberiam escolher as palavras-chave adequadamente e também a possível dificuldade de navegar no próprio banco de dados.

Davenport (1998) diz que, para tomar decisões apropriadas sobre como a informação é classificada e armazenada, os profissionais da informação devem começar por algumas questões básicas:

- Que comportamento individual deve ser otimizado por determinado esquema de classificação e por um mecanismo de armazenagem?
- Que comportamento individual relativo à informação será otimizado por um esquema específico de classificação e armazenagem?
- Que informação deve ser classificada? Alguma estrutura a conduziria a uma categoria natural?
- Pode a organização "emprestar" um esquema preexistente (SIC, *Dewey Decimal System*) sem prejudicar substancialmente os objetivos da administração informacional?
- Como o esquema classificatório será mantido e atualizado?

A indexação em sistemas de informação é reconhecida como o processo mais importante, pois é o grande facilitador para um resultado positivo de uma pesquisa bibliográfica quando da construção da estratégia de busca. Só assim será possível a recuperação dos documentos mais pertinentes dentro do motivo da busca bibliográfica.

Mas, para que isso aconteça, é necessário haver uma política de indexação bem explicitada, para que os princípios e critérios que servirão de guia na tomada de decisão em relação aos termos que serão escolhidos ou selecionados sejam obtidos. Uma efetiva política de indexação em sistemas de informação está atrelada às condições de infra-estrutura dos profissionais de informação e dos objetivos institucionais da organização.

Fronteiras da informação em uma organização

A construção de produtos e serviços de informação externa não é função específica de determinada área da empresa. A empresa está em plena operação e necessita de informações para melhor ser gerenciada e colher resultados positivos para os acionistas, empregados e comunidade. Muitas vezes, produtos e serviços de informação são desenvolvidos pela necessidade da empresa, por setores ou pessoas não ligadas à gestão da informação tradicional, o que é até comum em todos os tipos de organização de grande, médio e pequeno portes.

É muito comum nas empresas, setores como marketing, compras, planejamento, centro de pesquisa, dentre outros, construírem produtos com informação externa para apoiar e dar consistência a seus estudos internos.

Entretanto, existem riscos importantes de frustração na criação de produtos de informação sem uma base adequada de profissional de informação e orçamento. Para ilustrar essa situação, vejamos o exemplo do problema de descontinuidade de boletins. Como não é função básica da área construir e manter um boletim, no primeiro momento, existe um entusiasmo na criação e montagem de um veículo de informação que apoiará as necessidades de informação de todo o setor. Lança-se o primeiro número e recebem-se elogios pela iniciativa e qualidade do produto. Sendo fruto da cooperação de vários profissionais da área para a coleta, a seleção e a redação (contextualização) da matéria, é justamente aí que começam as dificuldades. O responsável pela montagem do boletim, pela premência do tempo para o próximo número, começa cobrar as matérias e, aos poucos, vai recebendo respostas como: "Estava viajando, mas vou providenciar..."; "Estou apertado em um projeto urgente e este mês vou ficar devendo..."; "Vou sair de férias..."; etc. Com o desgaste do responsável pela edição e a dificuldade de receber as matérias, o boletim vai perdendo força, foco e interesse dos usuários. Está fadado ao insucesso.

Mas, quando o setor define uma equipe para construir e montar produtos de informação para apoiar seus trabalhos e essa equipe tem condições de administrar financeira e administrativamente a sobrevivência do trabalho desenvolvido, a chance de sucesso cresce enormemente. Acredita-se que seja uma das poucas saídas para a construção de produtos de informação com sucesso em áreas que não sejam dedicadas integralmente à gestão da informação externa.

Normalmente, nessa situação, é comum acontecer outro tipo de problema na manutenção da equipe de informação externa, que é quando a empresa, por qualquer motivo, decide fazer a racionalização e a simplificação organizacional. A cota de contribuição nessa racionalização e simplificação é de todos. Quando é solicitado ao responsável pelo setor sua contribuição, por exemplo, na redução de pessoal, avalia-se quem contribui mais para o produto final permanecer e, nessa hora, a equipe de informação externa é muito visada.

Numa organização de grande ou médio porte, se for possível o setor de informação ser independente de qualquer outra gerência e ter o mesmo nível das gerências maiores da empresa e ser ligado diretamente à presidência, a possibilidade de sua continuidade é muito maior. No caso de racionalização e simplificação traçada para toda a empresa, o setor de informação vai dar sua cota de contribuição, como todas as outras gerências, mas seu trabalho terá continuidade, pois parte da equipe será preservada e, dessa maneira, haverá condições de remanejar os produtos e serviços de informação para continuar prestando sua contribuição para os negócios dela.

As áreas que fazem fronteira com o setor de informação e que podem ter relações atribuladas são as de Comunicação Social, Marketing, Planejamento Estratégico e Financeiro, áreas técnicas, Suprimentos, etc. Enquanto as partes não compreenderem quais são as funções básicas de cada um e quanto uma área pode contribuir para outra, sempre haverá divergências.

Software/hardware para administrar a informação

Na gestão da informação deve-se procurar adotar várias soluções de Tecnologia de Informação (TI), de acordo com cada característica e finalidade de cada produto de informação. Hoje, o conteúdo da informação está ligado diretamente a *softwares* e *hardwares*. Os *softwares*, para viabilizar os produtos de informação nas *Intranets*/Portais Corporativos/*Internet*, etc.; e o *hardware* para hospedar os produtos e dar condições de acesso, armazenamento, agilidade e presteza em bancos de dados, *Web*, etc.

Naturalmente, deve-se utilizar toda a experiência que existe na construção e elaboração dos produtos e serviços na forma papel para construir uma nova plataforma mais complexa e vantajosa para a disseminação da informação, adotando todos recursos oferecidos pela TI.

A *Intranet* ou o Portal Corporativo nas empresas é excelente veículo para disseminar e democratizar a informação para todos os usuários. Para que esses veículos de disseminação de informação sejam ferramentas que facilitem o uso dos produtos de informação, é necessário divulgá-los permanentemente, como já descrito nos capítulos sobre a disseminação e o uso da informação.

Com a adoção da *Intranet* ou do Portal Corporativo na organização, os usuários passam a ter acesso à informação pelo mesmo canal. Todas as áreas têm acesso à mesma tela, à mesma forma de trabalhar. A *Intranet* traz como ganho a maior visibilidade da informação, que pode ser acessada em toda a organização. *Softwares* para sua boa administração existem dezenas no mercado para venda. A escolha deve ser feita criteriosamente, sempre observando a cultura da organização e o parque de informática já existente.

Para administração de bancos de dados existem, também, vários *softwares* disponíveis no mercado de informática. O que deve ser levado em consideração é se ele:

- possui uma interface amigável com os usuários;
- é voltado para o gerenciamento de bases de dados bibliográficas e textuais;
- tem desempenho eficiente e flexibilidade na customização;
- tem baixo custo;
- tem facilidades na indexação de informações e proporciona a recuperação de informação rápida e precisamente.

Ao se adotar determinado *software* – compra – para gerenciamento de bancos de dados de informação externa, deve-se ter cuidado ao avaliar se:

- ele é atualizado regularmente;
- é facilmente adaptado ou é voltado para informações bibliográficas;
- é adotado por várias empresas no País, de modo que facilite a troca de experiências;

- tem comprovação de boa *performance* na pesquisa e acesso à informação;
- tem facilidades na entrada de dados e informação e seja intuitivo na pesquisa pelos usuários – semelhante ao praticado na *Internet*;
- o custo é compatível e, se possível, baixo;
- é facilmente customizável.

Perfil dos profissionais da informação

Para garantir a qualidade técnica da informação disseminada e dos serviços prestados, é necessária uma equipe que dê sustentação a um ou a vários produtos e serviços de informação. Isso requer pessoas que sejam competentes e experientes em suas especialidades.

A equipe de informação deve estar ligada a duas realidades: o ambiente externo, por meio de leitura e conhecimento de publicações nacionais e internacionais e de toda a mídia que apresenta informações de interesse da organização; e o ambiente interno, em sintonia com os negócios da organização, com seu planejamento estratégico e *marketing*, com os objetivos da organização e com pesquisas de necessidade de informação dos usuários.

Os profissionais da informação necessitam ter grande conhecimento da realidade de sua organização, dos seus produtos e serviços, dos planos de curto, médio e longo prazos, seus mercados atuais e potenciais, produtos concorrentes, etc.

Segundo Fuld (1986), um bom analista de informação deve ter as seguintes características: criatividade, atitude, aptidão para lidar com pessoas e para redigir. Já para Davenport (1998), os seguintes atributos são sempre lembrados, pelos executivos e especialistas, para o profissional da informação:

- compreensão abrangente da área de atuação e conhecimento da estrutura e da função da empresa;
- conhecimento sobre as diferentes fontes de informações da organização;
- facilidade de acesso a tecnologias de informação;
- entendimento político associado à habilidade para exercer liderança;
- fortes qualificações para relações interpessoais;
- expressiva orientação para o conjunto do desempenho do negócio, em vez de submissão a objetivos funcionais da organização.

Algumas funções importantes do profissional da informação são: dedicar-se à indexação de publicações, armazenar e recuperar a informação de forma sistemática para seus usuários, como também quando atua na antecipação de informação participando na seleção, redação das informações para que sejam inseridas em boletins/informes.

O papel dos profissionais da informação na execução dos produtos e serviços de informação é agregar valor às informações fornecidas aos usuários – dentre eles, condensar, contextualizar, adotar o melhor estilo e escolher os meios corretos de apresentação da informação. Cada vez mais, as empresas necessitam de informação de valor agregado que seja útil nas tomadas de decisões e na solução de problemas, para que elas possam se tornar mais competitivas e presentes no seu mercado de atuação.

Caminhos para uma área de informação

A decisão de implantar um sistema ou área de informação para administrar o fluxo de informação externa em uma organização, normalmente, é considerada de relevância para os negócios. Mas, quando são mostrados os custos iniciais, a necessidade de mão-de-obra especializada e o espaço necessário, além da necessidade de participar e conhecer os negócios pelo profissional da informação, começa-se o processo de vários questionamentos da validade e do alcance de sua existência. Uma pergunta que sempre surge: Não poderíamos continuar convivendo com o mundo externo à organização com os recursos de informação já existentes, procurando, apenas, aperfeiçoar os mecanismos de divulgação e disseminação?

Hoje, para ter a ousadia de montar uma área de informação, é primordial ter em mente que se devem apresentar resultados palpáveis em curto prazo. As organizações não têm a paciência de esperar resultados em longo prazo, o que é bem razoável e compreensível.

Para uma área de informação, recém-instalada, contribuir para apoiar suas decisões e sobreviver ao longo do tempo são necessários vários cuidados:

- Iniciar a sua montagem construindo produtos de informação que têm impacto nos negócios atuais da organização.
- Geralmente, o caminho inicial seria a construção de boletins noticiosos e/ou analíticos. Da criação à sua disponibilização, o tempo de desenvolvimento pode ser curto, e os usuários terão a percepção da rapidez com que devem atuar na área de informação para cobrir suas necessidades quase que imediatamente.
- A criação de bancos de dados deve ser realizada paralelamente a boletins. Bancos de dados só trazem resultados em longo prazo. Caso exista no meio editorial bancos de dados de referência, notícias e de dados financeiros que supram necessidades da organização, eles devem ser adquiridos/assinados e disponibilizados. Com essa atitude, tem-se a possibilidade de construir bancos de dados próprios, de acordo com as necessidades levantadas, sem a pressão de resultados em curto prazo.

- Estar permanentemente atento às necessidades de informação é vital para a sobrevivência da área de informação. Ao se detectá-la – seja tecnológica, comercial ou financeira –, deve-se preocupar em trazer soluções de informação para a organização por meio de fontes adequadas disponíveis ou apresentando um protótipo de boletim para seu público-alvo.
- A área de informação deve ter a dimensão que a organização necessitar. Deve-se ter sempre o cuidado de não construir produtos de informação simplesmente por achar que eles são importantes, sem se calcar em uma pesquisa de necessidades de informação.

Considerações finais

A informação no Sistema Usiminas

As Usinas Siderúrgicas de Minas Gerais S/A (Usiminas) foram o foco deste livro no trabalho de investigação dos produtos de informação voltados para atender às suas diversas necessidades de informação. A escolha se deveu à sua condição de referência nacional e internacional na produção de aço e na gestão da informação externa.

Em toda a sua história de 45 anos, o Sistema Usiminas sempre foi dedicado e preocupado com seu desenvolvimento intelectual. Desde os primórdios, a sua visão é voltada para a pesquisa, a qualidade, a informação e o conhecimento. Sempre houve uma busca permanente de incorporar tecnologias sempre atualizadas, fabricar produtos de maior valor agregado, firmar parcerias com clientes, fornecedores e universidades.

Faz parte da cultura organizacional da Usiminas incentivar e investir em seus empregados, para que pensem, tenham discernimento e ajam. Dessa forma, o conhecimento está sempre permeando a organização. Na história da organização, a participação ativa dos empregados sempre foi incentivada e há um ambiente favorável à aproximação e à troca de informações. A alta administração é participante ativa do cotidiano da empresa, sempre apoiando iniciativas de aprimoramento dos negócios.

Ao longo de todo este livro, procurou-se analisar os caminhos traçados para a construção dos produtos de informação. Constatou-se que os produtos de informação da Superintendência de Informações do Sistema Usiminas estão sempre em fase de aprimoramento. Eles estão disponíveis aos usuários nas *Intranet*s das empresas do Sistema Usiminas e existe permanente divulgação dos produtos e dos recursos de informação para os usuários. Periodicamente, são praticados mapeamentos de necessidades de informação com os usuários, muitos deles buscando dados e informações bem específicos. Seus profissionais da informação estão sempre divulgando e analisando a disseminação de tais produtos e serviços entre os usuários e verificando como eles usam esses produtos.

Uma situação percebida é de que os produtos de informação só sobrevivem com o apoio irrestrito da alta administração e é preciso ainda que os profissionais da informação conquistem a organização baseando-se na competência e discrição, na oferta de bons produtos e serviços e, o mais importante, na credibilidade e no respeito. A confiança e credibilidade são os requisitos para um produto ou gestão da informação sobreviver e ter perenidade em uma organização.

As empresas investem na construção de produtos e serviços de informação, naturalmente, esperando receber informações com valor agregado, que as ajudem nos esclarecimentos, nos conhecimentos e nas opções para tomadas de decisão. Muitas vezes, elas não querem informações em sua forma bruta, que poderiam ser facilmente encontradas no mercado de informação. O diferencial é o que importa e deve traduzir-se em benefícios reais para os usuários e para a organização. Para atingir esse diferencial é preciso:

- acompanhar permanentemente as necessidades de informação da organização e dos usuários;
- possuir produtos e serviços adequados para absorver essas necessidades de informação;
- possuir técnicas adequadas de tratamento da informação compreendidas por todos e disseminar/disponibilizar amplamente as informações aos interessados, e;
- utilizar os melhores recursos de TI disponíveis, na geração dos produtos e serviços de informação.

Para agregar valor à informação, é necessário atuar, principalmente, no conteúdo e na forma de apresentação do produto. Caso essa informação trabalhada seja útil em outros momentos, ela deve ser armazenada em banco de dados para posterior recuperação. O conteúdo da informação deve ser analisado por especialista, apresentar elementos essenciais, ser objetivo e vir de fonte confiável. A forma de apresentação da informação deve ser colocada de maneira sucinta, ter um visual atraente e estar adaptada para o tipo de usuário que a utilizará. Para tudo isso acontecer, é necessário perseverança e inteligência por parte dos profissionais da informação.

A relação entre os produtos e serviços de informação gerados por profissionais da informação e os usuários deve ser de confiança, e isso só acontece quando é percebida a competência dos profissionais da informação. Essa situação só é possível de acontecer após boa convivência e de prestação de serviços de qualidade, auxiliando a administração e os negócios da organização. A oferta de produtos e serviços de informação aos usuários é um desafio para os profissionais da informação, principalmente medindo a intensidade, a periodicidade e o custo aí envolvidos. É importante disponibilizar um número certo de produtos e serviços que correspondam às necessidades e à capacidade de absorção dos usuários.

Um fator de destaque nos produtos de informação da Superintendência de Informações é sua longevidade e a sua participação na vida da empresa. Existem vários produtos com mais de 30 anos de existência e de edição ininterrupta, que não passaram por problemas de envelhecimento e/ou desinteresse dos usuários. Geralmente, os produtos e serviços de informação vêm se adaptando e se moldando às várias fases e eras pelas quais a Usiminas passou em seus 45 anos de existência.

Ao construir produtos de informação para a organização de acordo com suas necessidades, ela se torna candidata a ter um amplo leque de benefícios. O seu conjunto de produtos e serviços de informação pode possibilitar conhecer e ter acesso a informações relevantes, obtendo:

- maiores opções na solução de problemas;
- possibilidade de se descobrirem novas oportunidades de negócios;
- maior conhecimento de seus mercados e possibilidade de vislumbrar novos mercados para seus produtos e serviços;
- atualização permanente sobre as tecnologias de seu interesse; informações sobre aperfeiçoamento e melhorias dos seus produtos por concorrentes;
- acompanhamento de seus fornecedores de matérias-primas, máquinas e equipamentos; acompanhamento dos mercados de matérias-primas e de seus produtos;
- acompanhamento dos requisitos, especificações e normas técnicas de interesse da empresa para seus produtos; e,
- acompanhamento de desenvolvimento de novos produtos e sucedâneos no mercado mundial.

Produtos de informação

Monitorar o ambiente externo à organização é, hoje, essencial para sua sobrevivência e evolução. Davenport (1998) diz que é lugar-comum no mundo dos negócios o fato de que as empresas devem adequar-se, pelo menos minimamente, a seus ambientes externos. Nenhuma empresa é forte o bastante para ignorar ou controlar seu ambiente externo quando depara com tendências setoriais e orientações governamentais. Se a adaptação ao ambiente externo é importante para uma empresa e a investigação de tendências setoriais e de mercado é indispensável, o gerenciamento ativo do ambiente de informação externo pode representar a maior oportunidade para o futuro crescimento dos negócios. Inúmeras possibilidades podem ser exploradas para moldar o ambiente externo.

É essencial, nas organizações, procurar atender às necessidades de informação externa com produtos e serviços adequados aos seus usuários. Segundo

Choo (1998), os produtos de informação devem ser concebidos usando-se uma abordagem de agregação de valor, na qual os sistemas, produtos e serviços de informação são desenvolvidos como qualidades que agregam valor à informação que está sendo processada, com o objetivo de ajudar o usuário a tomar melhores decisões, perceber melhor as situações e, em última instância, empreender ações mais eficazes.

É importante fixar que as empresas fazem investimentos no planejamento, na organização e na implantação de produtos de informação esperando receber informações com valor agregado, que as apóiem na sua atualização, na divulgação de novos conhecimentos e nas opções para tomadas de decisão. *Os produtos de informação têm, necessariamente, de ter um diferencial em relação ao que já existe no mercado editorial.*

Independentemente da forma como os serviços e produtos de informação são disponibilizados aos executivos, eles devem ser concebidos como um negócio – sua complexidade, seu crescimento e valor, bem como a satisfação dos seus clientes, devem ser dimensionados. Os serviços prestados e os produtos a serem disponibilizados aos clientes da unidade de informação devem apresentar características que os diferenciem de outros serviços e produtos similares, tais como preço adequado, atendimento personalizado e menores prazos para a sua disponibilização. Ou seja, os produtos de informação devem ser oferecidos com valor agregado e definidos de acordo com o perfil do cliente, correspondendo não só às suas demandas – solicitações claramente explicitadas – mas, sobretudo, buscando antecipar-se às suas necessidades de informação, surpreendendo-o (BORGES; SOUSA, 2003).

Agregar valor a produtos e serviços significa torná-los mais atraentes e de mais fácil absorção. Além disso, é preciso possuir qualidade, agilidade e rapidez. O objetivo final dos produtos de informação deve ser servir e apoiar os planos e metas da empresa e, naturalmente, as necessidades de informação dos usuários.

Para agregar valor à informação em produtos de informação é necessário trabalhar, principalmente, o seu conteúdo e, também, a sua forma de apresentação. A informação útil deve ser armazenada em banco de dados, e para isso acontecer deve ser selecionada e analisada por profissionais especializados. O meio empresarial, normalmente, exige que as matérias sejam redigidas concisamente, e o profissional da informação deve preocupar-se em ofertar seu produto de informação com visual atraente.

Os produtos de informação externa podem ser apresentados de diversas formas aos usuários de uma organização, e isso dependerá das características, do porte, do ramo de atividade e, principalmente, dos custos de cada empresa.

A construção dos produtos de informação hoje se tornou mais fácil, em razão da diminuição de custo e da forte evolução das soluções da TI nos últimos anos. A *Intranet* e o Portal Corporativo vieram facilitar ainda mais a disponibilização e a disseminação de produtos de informação.

A finalidade dos produtos e serviços deve ser levar aos usuários informações úteis para o desempenho de suas funções, na tomada de decisões e na ampliação do conhecimento. Entretanto, levá-las até o usuário merece atenção e cuidado maior. É necessário identificar as necessidades da empresa, pesquisá-las e reuni-las. Nos produtos de informação devem-se promover avaliação, seleção, reelaboração e disseminação da informação para todos os que delas possam tirar proveito nas atividades empresariais. Assim, os produtos de informação, podem possibilitar:

- a capitalização do tempo e do esforço despendidos em buscas individuais de informações;
- o estabelecimento de uma rede que forneça, de forma coordenada, a diferentes áreas informações relevantes às suas especialidades, de acordo com a visão e as metas da empresa;
- a melhoria na qualidade e na quantidade das informações transmitidas aos usuários;
- a disponibilidade de produtos de informação que ofereça à empresa suporte de informações especializadas, no momento em que forem necessárias.

Os boletins devem nascer da vontade dos usuários, e uma das formas de materializá-los é montando protótipos, que devem ser discutidos e aprimorados à exaustão com o público-alvo da publicação. O boletim só deve ser lançado após a aprovação do seu conteúdo, forma e periodicidade pelos usuários-chave. Periodicamente, é necessário realizar pesquisa de satisfação com o público-alvo e deve-se aproveitar para levantar outras questões que podem ser incluídas ou não no boletim. É importante preocupar-se permanente quanto à apresentação dos boletins, tanto na parte visual quanto no conteúdo. Deve-se sempre procurar ser simples e claro na redação dos textos, explorando também os recursos gráficos.

Já no campo de bancos de dados, deve-se ter por objetivo a recuperação de todos os objetos ou itens que satisfaçam precisamente as condições formuladas mediante uma expressão de busca. Os bancos de dados colocados à disposição de todos os usuários devem procurar simplificar e facilitar o acesso às informações e, com isso, diminuir a demanda de solicitação de informação à equipe de informação.

Para explorar os benefícios de um banco de dados, várias formas de recuperação da informação devem ser proporcionadas e, ainda, possibilitar o gerenciamento de informações personalizadas. Naturalmente, ele deve ser de fácil acesso e uso.

Os bancos de dados devem procurar ter semelhança com as práticas da *Internet*. O *software* deve ser flexível permitindo a configuração e o controle de diversas bases de dados com variados tipos de informação em formas de texto, arquivos eletrônicos, imagens, etc.

Com o atual baixo custo na área de armazenamento de informação, a montagem de banco de dados tornou-se mais atraente e fácil. Com isso, hoje, a democratização da informação pode ser praticada com os bancos de dados oferecendo fácil acesso à *Intranet* ou ao Portal Corporativo.

Concluindo, nos parâmetros para a construção de produtos de informação, neste trabalho procurou-se enfatizar a importância fundamental dos principais tópicos:

- mapeamento de necessidades de informação tanto das empresas como dos usuários;
- procura por fontes de informação para sustentar as necessidades de informação;
- preocupação na definição de como a informação relevante deve ser levada até o público-alvo;
- validade, ou não, de se construírem produtos de informação e os seus principais parâmetros de construção;
- importância da disseminação e da divulgação dos produtos de informação;
- análise do uso da informação e sua influência na vida dos produtos de informação;
- o papel crucial que a TI exerce na formatação e na disseminação dos produtos de informação, como também no armazenamento de informações;
- o desempenho dos profissionais da informação em todas as etapas que influenciam a construção de produtos de informação.

Na análise desses tópicos, foi possível situar e desenvolver proposições de parâmetros de construção dos produtos de informação para quatro tipos, ou seja, referencial, noticioso, analítico e estatístico. Com isso, foi possível dar um sentido prático e de fácil entendimento às várias formas de construir produtos de informação.

Nos produtos de informação referencial, noticioso, analítico e estatístico analisados e nas formas propostas de melhor construí-los, deve-se sempre enfatizar a preocupação de respeitar a cultura da organização, o seu porte, o momento em que a empresa está vivendo e a viabilidade, ou não, da existência de tal produto.

Algumas vezes, a solução de informação passa por adquirir fontes de informação, dar-lhes o devido direcionamento na organização e, assim, não é necessário ter todo o trabalho de criar, desenvolver, editar e disseminar produtos de informação.

A princípio, as principais características e particularidades para a construção dos quatro tipos de produtos de informação podem parecer óbvios, mas essa divisão teve a finalidade de dar detalhes para sua viabilização e para a compreensão das suas individualidades, principalmente para quem deseja construir ou remodelar produtos de informação.

Uma das afirmações importantes para a construção dos produtos de informação é que ela depende do bom relacionamento, do espírito cooperativo e da soma de esforços da equipe de informação com as outras áreas da organização. A importância da prática da boa convivência, da competência e do diálogo entre as áreas é fundamental. Os profissionais da informação, na construção dos seus produtos, têm de se preocupar em gerar conteúdos que sejam um diferencial do que já existe no mercado editorial para venda.

Espero que a leitura deste livro tenha proporcionado novos caminhos ou soluções de como construir os produtos de informação. Que os parâmetros indicados e analisados possam ser úteis para as organizações e para os profissionais da informação que estejam passando pelo processo de desenvolvimento de produtos de informação ou de remodelamento dos já existentes.

Referências

ASSIS, W. M. *Uso e avaliação de um índice de assuntos baseado na CDU de apoio às consultas em um banco de dados referenciais automatizado*. Trabalho apresentado á disciplina Tratamento da Informação no Programa de Pós-Graduação em Ciência da Informação da UFMG, 2004.

ASSIS, W. M. *A gestão do conhecimento na USIMINAS*. Trabalho final apresentado ao Curso de Especialização em Gestão Estratégica do CPEAD/CAD/FACE/UFMG para obtenção do certificado de especialista em Gestão Estratégica, 2001.

ASSIS, W. M. Qualidade em serviços de informações: o caso USIMINAS. In: SEMINÁRIO NACIONAL DE INFORMAÇÃO E QUALIDADE, 2, 1992, Recife.

ASSIS, W. M. *Fontes de informação para o setor siderúrgico: a experiência da USIMINAS*. Trabalho apresentado á disciplina inteligência Competitiva no Programa de Pós-Graduação em Ciência da Informação da UFMG, 2004.

BARBOSA, R. R. Monitoração ambiental: uma visão interdisciplinar. *Revista de Administração*, São Paulo, v. 32, n. 4, p. 42-53, out./dez. 1997.

BEUREN, I. M. *Gerenciamento da informação: um recurso estratégico no processo de gestão empresarial*. São Paulo: Atlas, 1998. 104p.

BORGES, M. E. N.; CAMPELLO, B. S. A organização da informação para negócios no Brasil. *Perspectivas da Ciência da Informação*, Belo Horizonte, v. 2, n. 2, p. 149-161, jul./dez. 1997.

BORGES, M. E. N.; Souza, M. C. V. *Serviços e produtos de informação para empresas: um desafio estratégico para os profissionais de informação – A gestão da informação e do conhecimento*. Belo Horizonte. Universidade Federal de Minas Gerais, Escola de Ciência da Informação, 2003.

BORGES, M. E. N. *A informação e o conhecimento na biologia do conhecer: uma abordagem cognitiva para os estudos sobre inteligência empresarial*. Belo Horizonte: Universidade Federal de Minas Gerais, Escola de Ciência da Informação, 2002.

BROSSARD, H. L. Information sources used by an organization during a complex decision process: an exploratory study. *Industrial Marketing Management*, v. 27, n. 1, p. 41-50, jan. 1998.

CARDOSO, O. N. P. *Recuperação de informação*. Disponível em <http://www.dcc.ufla.br/infocomp/artigos/v2.1/olinda.pdf>.Acesso em: 23 jul 2004.

CARVALHO, A. M. A. *Monitoração do ambiente externo de negócios: um estudo de caso*. Belo Horizonte: Escola de Biblioteconomia da UFMG, 1998.

CENDÓN, B. V. Bases de dados de informação para negócios. *Ciência da Informação*, Brasília, v. 31, n. 2, p. 30-43, maio/ago. 2002.

CHOO, C. W. *A organização do conhecimento: como as organizações usam a informação para criar significado, construir conhecimento e tomar decisões.* São Paulo: Ed. Senac, 2003. 425p.

CHOO, C. W.; AUSTER, E. Environmental scanning: acquisition and use of information by managers. *Annual Review of Information Science and Technology*, v. 28, p. 279-314, 1993.

CHOO, C. W. *Information management for the intelligent organization: the art of scanning the environment.* 2. ed. Medford, NJ: Information Today, 1998.

CHOO, C. W. Perception and use of information sources in environmental scanning. *Library & Information Science Research*, v. 16, n. 1, p. 23-40, 1994.

CIANCONI, R. B. *Gestão do conhecimento: visão de indivíduos e organizações no Brasil.* 2003. 287f. Tese (Doutorado). Universidade Federal do Rio de Janeiro/ ECO, Rio de Janeiro, 2003.

DAVENPORT, T. H. *Ecologia da informação: por que só a tecnologia não basta para o sucesso na era da informação.* 3. ed. São Paulo: Futura, 1998. 316p.

DEGENT, R. J. A importância estratégica e o funcionamento do serviço de inteligência empresarial. *Revista de Administração de Empresas*, Rio de Janeiro, v. 26, n. 1, p. 77-83, jan./mar. 1986.

DRUCKER, P. F. The information executives truly need. *Harvard Business Review*, New York, v. 73, n. 1, p. 54-62, jan./feb. 1995.

DRUCKER, P. F. The coming of the new organization. *Harvard Business Review*, Boston, v. 88, n. 1, p. 45-53, jan./feb. 1988.

DRUCKER, P. F. A quarta revolução da informação. *Exame*, São Paulo, v. 32, n. 18, p. 56-58, ago. 1998.

FERREIRA, D. T. Profissional da informação: perfil de habilidades demandadas pelo mercado de trabalho. *Ciência da Informação*, Brasília, v. 32, n. 1, p. 42-49, jan./abr. 2003.

FONTES, I. L. Estratégia de busca na recuperação da informação: revisão de literatura. *Ciência da Informação*, Brasília, v. 31, n. 2, p. 60-71, maio/ago. 2002.

FULD, L. M. *Administrando a concorrência: como obter e administrar informações sobre a concorrência criando um sistema de inteligência eficiente.* 2. ed. Rio de Janeiro: Record, 1986. 220p.

FULD, L. Saber o que seu concorrente esta fazendo é mais fácil do que parece. *Folha Management*, São Paulo, n. 25, p. 1-4, 29 jan. 1996.

GARBER, R. *Inteligência competitiva de mercado: como capturar, armazenar, analisar informações de marketing e tomar decisões num mercado competitivo.* São Paulo: Madras, 2001. 358p.

GHOSHAL, S.; KIM, S. K. Building effective intelligence systems for competitive advantage. *Sloan Management Review*, Cambridge, v. 28, n. 1, p. 49-58, 1986.

GIL, A. C. *Métodos e técnicas de pesquisa social.* 5. ed. São Paulo: Atlas, 1999.

GILAD, B. The role of organized competitive in corporate strategy. *The Columbia Journal of World Business*, New York, v. 24, n. 4, p. 29-35, Winter 1989.

HERRING, J. P. Building a busines inteligence system. *The Journal of Business Strategy*, Londres, may/june 1988.

LEITAO, D. M. A informacão como insumo estratégico. *Ciência da Informação*, Brasília, v. 22, n. 2, p. 118-123, maio/ago. 1993.

CHOO, C. W.; LESCA, H.; ALMEIDA, F. C. Administração estratégica da informação. *Revista de Administração – USP*, São Paulo, v. 29, n. 3, p. 66-75, jul./set. 1994.

LODI, J. B. *A diretoria da empresa: estratégia e estrutura.* 2. ed. São Paulo: Pioneira, 1974. 219p.

MARCHIORI, P. Z. A ciência e a gestão da informação: compatibilidades no espaço profissional. *Ciência da Informação,* Brasília, v. 31, n. 2, p. 72-79, maio/ago. 2002.

MCGEE, J.; PRUSAK, L.; ERNEST & YOUNG. *Gerenciamento estratégico da Informação: aumente a competitividade e a eficiência de sua empresa utilizando a informação como uma ferramenta estratégica.* 9. ed. Rio de Janeiro: Campus, 1994. 244p.

MIRANDA, R.C.R. O uso da informação na formulação de ações estratégicas pelas empresas. *Ciência da Informação,* Brasília, v. 28, n. 3, p. 284-290, set./dez. 1999.

MONTALLI, K.M.L. *Informação para negócios no Brasil.* Belo Horizonte: Universidade Federal de Minas Gerais, 1993. 30p.

MONTALLI, K. M. L.; JANNUZZI, C. A. S. C. Informação tecnológica e para negócios no Brasil: introdução a uma discussão conceitual. *Ciência da Informação,* Brasília, v. 28, n. 1, 1999.

MORESI, E. A. D. Inteligência organizacional: um referencial integrado. *Ciência da Informação,* Brasília, v. 30, n. 2, p. 35-46, maio/ago. 2001.

O CENTRO de Informações Técnicas: inovação no conceito de informação. *Metalurgia ABM*. Edição especial, p. 86-90, out. 1987.

YOU competitive advantage. *Harvard Business Review*, v. 63, n. 4, p. 149-160, jul./ago. 1985.

POZZEBON, M.; FREITAS, H. M. R.; PETRINI, M. Pela integração da inteligência competitiva nos Enterprise Information Systems (EIS). *Ciência da Informação*, Brasília, v. 26, n. 3, p. 243-254, set./dez. 1997.

PRAHALAD, C. K.; KRISHNAN, M. S. The new meaning of quality in the information age. *Harvard Business Review*, v. 77, n. 5, p. 109-118, set./out. 1999.

REZENDE, Y. Informação para negócios: os novos agentes do conhecimento e a gestão do capital intelectual. *Ciência da Informação*, Brasília, v. 31, n. 2, p. 120-128, maio/ago. 2002.

RICHARDS, D. Dissemination of information. In: DOSSET, P. *Handbook of special librarianship and information work*. 6. ed. London: ASLIB, 1992. p. 318-349. (026 H236 1992)

SANTOS, R. N. M. Métodos e ferramentas para gestão de inteligência e do conhecimento. *Perspectivas da Ciência da Informação*, Belo Horizonte, v. 5, n. 2, p. 205-215, jul./dez. 2000.

SAPIRO, A. Inteligência empresarial: a revolução informacional da ação competitiva. *Revista de Administração de Empresas*, São Paulo, v. 33, n. 3, p. 106-116, maio/jun., 1993.

STAUFER, D. Bem-vindo ao mundo da inteligência competitiva. *HSM Management*, n. 42, p. 5-7, jan./fev. 2004.

TARAPANOFF, K.; ARAÚJO, R. H. J.; CORNIER, P. M. J. Sociedade da informação e inteligência em unidades de informação. *Ciência da Informação*, Brasília, v. 29, n. 3, p. 91-100, set./dez. 2000.

TERRA, J. C. C.; BAX, M. P. Portais corporativos: novo instrumento de gestão da informação. In.: PAIM, I. (Org.). *A Gestão da informação e do conhecimento*. Belo Horizonte, 2003, p. 33-53.

TRIVIÑOS, A. N. S. *Introdução à pesquisa em ciências sociais: a pesquisa qualitativa em educação*. 12. ed. São Paulo: Atlas, 1987. 175p.

USIMINAS. Catálogo institucional. Belo Horizonte, 2002. 28p.

USIMINAS. *Catálogo institucional*. Belo Horizonte, 1997. 35p.

USIMINAS. *Manual de práticas gerenciais*. Ipatinga, 2004. 267p.

USIMINAS. *Relatório anual*. 2004.

USIMINAS. *Relatório anual*. 2005.

YIN, R. K. *Estudo de caso: planejamento e métodos*. 2. ed. Porto Alegre. Bookman, 2001. 205 p.

Anexos

1. **Exemplos de pesquisas/resultados de satisfação de produtos de informação.**
2. **Exemplos de medição do uso da informação disseminada.**
3. **Pesquisa**/resultado de satisfação do setor de informação.

1. **Exemplos de pesquisas/resultados de satisfação de produtos de informação.**

---

a) Pesquisa de satisfação do boletim *Informações Bibliográficas* **(IB)**

Caro Leitor do IB:

Para assegurar a qualidade, a confiabilidade e a atualidade das informações publicadas nos boletins, a Superintendência de Informações Técnicas está realizando uma pesquisa de satisfação com o seu público-alvo para avaliar se os boletins estão atendendo às suas expectativas.

Gostaríamos que dedicasse alguns minutos para preencher o questionário anexo. Suas respostas nos ajudarão a identificar falhas, imperfeições, lacunas e meios de aumentar a utilidade deste serviço para você e para a organização.

Sua participação é imprescindível. O prazo para devolução desta pesquisa é até o dia dd/mm/aaaa. Ao retornar o *e-mail*, por favor, faça-o clicando no botão **Encaminhar**, e não **Responder**.

Agradeço sua participação.

Superintendência de Informações Técnicas – PSN

QUESTIONÁRIO DO BOLETIM IB

1. Qual é a relevância do boletim IB para seu trabalho?

( ) Muito importante
( ) Importante
( ) Interessante, porém não importante.
( ) Não é útil

2. O boletim IB é publicado mensalmente. Com que freqüência você gostaria que fosse publicado?

( ) Estou satisfeito com a freqüência atual
( ) Mais freqüentemente.
  Por favor, especifique: _____
( ) Menos freqüentemente.
  Por favor, especifique: _____

3. Que outras fontes de informação você utiliza, atualmente, sobre o mesmo tema do boletim IB, ou seja, referências bibliográficas?

( ) Internet
( ) Revistas especializadas
( ) Bancos de dados externos
( ) Banco de dados referenciais (BDR) da PGN
( ) Nenhuma

Cite as fontes utilizadas: _____
_____
_____

4. Como o boletim IB se compara com outras fontes regulares de informação que você acessa ou recebe?

( ) Melhor
( ) Igual
( ) Pior
( ) Sem opinião

5. Como você classifica a qualidade das referências bibliográficas contidas no boletim IB?

( ) Excelente
( ) Boa
( ) Regular
( ) Insuficiente
( ) Sem opinião

6. Existe carência de informações bibliográficas nos assuntos disponibilizados no boletim IB que seriam úteis no desenvolvimento de seu trabalho?

( ) Sim
( ) Não

Caso haja, quais? _____
_____
_____

*7. Por favor, use o espaço abaixo para fazer quaisquer outros comentários sobre o boletim IB)*_____
_____
_____

---

b) Pesquisa de satisfação do boletim *Índices Atualizados* (IA)

QUESTIONÁRIO – Boletim IA

1. Qual é a relevância do boletim IA para seu trabalho?

( ) Muito importante
( ) Importante
( ) Interessante, porém não importante.
( ) Não é útil

2. Que outras fontes de informação você utiliza, atualmente, sobre o mesmo tema do boletim IA?

( ) Internet
( ) Revistas especializadas
( ) Bancos de dados externos
( ) Banco de dados estatísticos (BDE)
( ) Nenhuma

Cite as fontes utilizadas:_____
_____
_____

3. Como o boletim IA se compara com outras fontes regulares de informação que você acessa ou recebe?

( ) Melhor
( ) Igual
( ) Pior
( ) Sem opinião

4. Existe carência de indicadores nos assuntos disponibilizados no boletim IA que seriam úteis no desenvolvimento de seu trabalho:

( ) Sim
( ) Não

Caso haja, quais?_____
_____
_____

5. O formato em PDF do boletim IA é:

( ) Satisfatório
( ) Gostaria em formato HTML
( ) Indiferente

6. Você tem conhecimento de que todos os índices do boletim IA estão disponíveis no banco de dados estatístico (BDE)?

( ) Sim
( ) Não

7. Por favor, use o espaço abaixo para fazer quaisquer outros comentários sobre o boletim IA_____
_____
_____

Resultado da pesquisa de satisfação do boletim IA

Data de envio: dd/mm/aaaa
Questionários enviados: 74
Número de respostas: 36

1. Qual é a relevância do boletim IA para seu trabalho?

(17) Essencial
(16) Importante
(3) Interessante, porém não importante.
( ) Não é útil

Parecer: 92% dos usuários consideram o boletim essencial/importante para o trabalho deles.

2. Que outras fontes de informação você utiliza, atualmente, sobre o mesmo tema do boletim IA?

(22) Internet
(12) Revistas especializadas
(4) Bancos de dados externos
(13) Banco de dados estatísticos (BDE)
(2) Nenhuma

Cite as fontes utilizadas
ABIFA, *Metal Bulletin*; jornal *Valor*, *Conjuntura Econômica*; site www.invertia.com.br; Índices econômicos de jornais e informações colhidas no mercado fornecedor.

Parecer: 42% dos usuários utilizam a Internet como fonte de consulta para seus dados; 42% utilizam também a busca no banco de dados estatístico da PSN, além de revistas especializadas disponibilizadas pelo setor.

3. Como o boletim IA se compara com outras fontes regulares de informação que você acessa ou recebe?

(13) Melhor
(15) Igual
( ) Pior
(5) Sem opinião

Parecer: O usuário tem um conceito bom sobre o boletim: 36% o consideram melhor do que outras fontes; 42% o consideram igual; e não existe opinião negativa.

4. Existe carência de índices/indicadores nos assuntos disponibilizados no boletim IA que seriam úteis no desenvolvimento de seu trabalho?

(4) Sim
(29) Não

Caso haja, quais?
    a) Indicadores de evolução de preços de serviços médicos e hospitalares.
    b) Seria pertinente incluir índices relativos a Evolução de preços de Matérias-primas utilizados pelas siderúrgicas brasileiras. Outra informação pertinente é o CUB do Rio de Janeiro (materiais, mão-de-obra e global) e variação do preço do cimento/FGV.
    c) Custos da construção civil de outros Estados, como Paraná, Santa Catarina, Rio Grande do Sul, variação do preço de cimento e evolução do preço de matéria-prima, etc.)
    d) Variação do preço do aço Usiminas

Parecer: Cerca de 80% dos respondentes não manifestam carências de falta de indicadores. As quatro sugestões são indicadores específicos e existem fontes apropriadas e não necessariamente devem participar do IA. Parte deles já é divulgada no banco de dados BDE e os outros tentaremos providenciar fontes para cobrir às necessidades.

5. O formato em PDF do boletim IA é:

(31) Satisfatório
( ) Gostaria em formato HTML
(4) Indiferente

Parecer: A totalidade dos respondentes está satisfeita com o formato PDF.

6. Você tem conhecimento de que todos os índices do boletim IA estão disponíveis no banco de dados estatístico (BDE)?

(25) Sim
(10) Não

Parecer: 70% manifestaram conhecimento da existência dos índices divulgados pelo IA no banco de dados BDE. Esses índices estão armazenados no BDE em séries históricas longas.

7. Por favor, use o espaço abaixo para fazer quaisquer outros comentários sobre o boletim IA.

1) Utilizo sempre para saber a variação total em determinado intervalo de tempo. O Sistema poderia já trazer essa opção, poupando tempo no cálculo. Parece-me que existe cálculo de variação mês a mês, mas não acumulado.
O banco de dados BDE permite essa operação.

2) Utilizamos os índices da FGV, de algumas planilhas selecionadas, para acompanharmos a evolução de preços no mercado. Incluímos em cada coluna as variações percentuais em relação ao último dado para facilitarmos a análise e elaboramos um caderno, que é distribuído mensalmente aos compradores. Seria interessante se essa planilha pudesse vir já neste formato de fácil leitura. Terá utilidade para todos os usuários encarregados da emissão ou aprovação das requisições de compra na usina.
Será analisada a sugestão da sua possibilidade de atendimento.

3) Parabéns pelo belo trabalho.

4) Um índice isolado não é muito útil, porém com o histórico torna-se fundamental.
   O banco de dados BDE tem histórico de todos os índices

5) Esta é uma ferramenta muito útil para atualização de estudo interno.

6) O IA é um instrumento de informações dos indicadores econômicos de grande importância na realização de trabalho que envolve a prática de atividades, onde é necessário obter informações atualizadas de variação de preços de mercado.

AVALIAÇÃO FINAL

Pelas sete questões do questionário respondidas pelos usuários, pode-se concluir que o boletim IA vem cumprindo seus objetivos. Constitui uma ferramenta de trabalho, e a pesquisa deixou transparecer que ele cobre quase totalidade dos índices utilizados nas diversas gerências da Empresa. Foi importante a participação dos usuários e as sugestões colhidas serão motivo de análise para aprimoramento do boletim.

---

c) Levantamento de necessidades de informação para o banco de dados estatístico (BDE)

Caro(a) Gerente:

A Superintendência de Informações Técnicas está no processo de modernização do seu BDE e, aproveitando a oportunidade, estamos levantando em todas as gerências do Sistema Usiminas quais os índices ou indicadores que utilizam em seu trabalho e que gostaríamos que constassem do BDE. O BDE já tem mais de 2 mil indicadores e com série históricas longas.

O objetivo do BDE é disponibilizar todos os índices utilizados na organização e que facilite o dia-a-dia dos empregados. Por isso, as suas indicações, dentro do possível, passarão a constar do banco de dados e serão atualizadas permanentemente.

Contando com sua colaboração, aguardo suas indicações.

Superintendência de Informações Técnicas – PGN

Respostas dos colaboradores enviadas pelo correio eletrônico:

1. Os indicadores usuais na rotina de quem vende são os de câmbio, taxas financeiras internas mais usuais de mercado, evolução dos preços de alguns *commodities* industriais, alguns do *agrobusiness*, energia, preços internacionais do aço, PIB, balança comercial e Mercosul. Está genérico demais, sabemos, mas dispondo de alguns índices de cada um destes, num "resumão" semanal, disponibilizado via rede, ficaria de bom tamanho.

2. Conforme solicitado estamos informando, em planilha anexa, os indicadores utilizados mensal ou diariamente, pela área de Controladoria.

3. Conforme solicitado, seguem índices que acompanhamos mensalmente ou que temos procurado acompanhar, no que tange ao setor de construção civil:
– INCC;
– CUB;
– Custo da construção civil – materiais (BH-IPEAD; RJ-Sinduscon);
– Preço das principais matérias-primas (ex.: carvão, coque, zinco, sucata);
– Preço e demanda do cimento;
– Preço e demanda do concreto;
– Preço e demanda de vergalhão;
– Preço e demanda de telha;
– Preço e demanda de porta (de aço, de alumínio, de PVC, etc.);
– Preço e demanda de perfis (laminado, soldado, dobrado, etc.);
– Preço e demanda de esquadria (de aço, de alumínio, de PVC, etc.);
– Preço e demanda de alumínio;
– Preço e demanda de plástico;
– Preço e demanda de estrutura metálica.

4. Conforme solicitação, estamos enviando nossos principais indicadores:

– **Área de Coqueria**
  • SR – Coke Strength after Reaction (%)
  • DI – Drum Index (%)
  • CZ – Teor de cinza (%)

- **Área de Sinterização**
  - Produtividade – (t/d.m2)
  - ST – Shatter Test (%)
  - RDI – Reduction Degradation Index
  - SiO2 – Teor de sílica (%)

- **Área de Alto-Forno**
  - Produtividade –
  - CR – Coke Rate (kg/t)
  - PCI – Pulverized Cool Injection)
  - FR – Fuel Rate (%)

5. Os indicadores que mais uso em minhas atividades são: 1. Índice de inflação; 2. Valor do dólar e euro diário; 3. Taxa do CDI; 4. Índice de poupança diário.

6. Seguem os principais indicadores utilizados nos processos da IHA:

Processo manutenção dos sistemas de automação industrial:

- Índice de disponibilidade dos sistemas de automação [%];
- MTTR dos sistemas de automação;
- Número de ocorrências ou disfunções nos sistemas de automação;
- Back log ou carteira das solicitações dos serviços de automação;
- Índice de consecução das atividades de manutenção conforme programação [%].

Processo manutenção de equipamentos eletrônicos (cartões eletrônicos e equipamentos de microinformática:

- Índice de consecução das atividades de manutenção conforme programação [%];
- Índice de reclamações procedentes ou retrabalho;
- MTTR.

Acredito que caberia uma avaliação sobre o interesse/oportunidade na divulgação desses indicadores.

7. Inicialmente gostaria de parabenizar o trabalho da equipe, que em muito tem nos apoiado com suas informações. Para o BDE, sugerimos que sejam incluídas as seguintes informações:

- PIB com suas quebras por setor (indústria, agrícola, serviços);
- Evolução da produção industrial por trimestre, com subdivisão por categoria de uso (bens de capital, bens de consumo durável, bens intermediários, etc.), nível de ocupação da capacidade industrial;
- Balança comercial (exportações, importações, saldo);
- Reservas cambiais do País;
- Meio circulante (M1, M2...);
- Investimentos – Relação FBK/PIB;
- Taxa de desemprego;
- Taxa de juros (Selic).

9. Sugiro os indicadores da FGV e ABDIB)

10. Verificou-se com as equipes da ISGE/ISGD/ISP que alguns indicadores seriam de grande utilidade se fossem acrescentados ao banco de dados BDE. São eles: cotação da prata; cobalto; titânio; silício, estanho e ferro cromo. Também a cotação de materiais como amianto, lã de vidro, cerâmica, vidro e sucata de aço.

Outra informação importante que poderia ser disponibilizada na página de Informações Técnicas é a composição dos indicadores da FGV e do IBGE, ou seja, quais os parâmetros são considerados na composição de cada indicador publicado por essas entidades.

11. Gostaríamos que constasse o índice da publicação CRU – ligas de manganês – e a publicação *Metal Bulletin*, caso não estejam sendo ainda publicadas.

Parecer: Boa parte dos indicadores solicitados já existem no BDE ou em fontes específicas existentes no acervo da empresa. Para os não existentes, será realizada análise para adoção deles no banco de dados.

---

d) Pesquisa de satisfação do boletim *MP-Conjuntura*

QUESTIONÁRIO

1. Qual é a relevância do boletim **MP-Conjuntura** *para seu trabalho?*

( ) Essencial
( ) Importante
( ) Relevante
( ) Interessante, porém não importante.
( ) Não é útil

2. O boletim **MP-Conjuntura** *é publicado mensalmente. Com que freqüência você gostaria que fosse publicado?*

( ) Estou satisfeito com a freqüência atual
( ) Mais freqüentemente. Por favor, especifique: _____
( ) Menos freqüentemente. Por favor, especifique: _____

3. Que outras fontes de informação você utiliza, atualmente, sobre o mesmo tema do boletim **MP-Conjuntura***, ou seja, matérias-primas siderúrgicas?*

( ) *Internet*
( ) *Trading*
( ) Fornecedores
( ) *News* (boletim diário da PGN)

( ) Jornais/Revistas:
Quais_____
_____
_____

4. Como o boletim MP-Conjuntura se compara com outras fontes regulares de informação que você acessa ou recebe?

( ) Melhor
( ) Igual
( ) Pior
( ) Sem opinião

5. Qual é o seu principal interesse como assinante do boletim MP-Conjuntura?

( ) Análise
( ) Tabelas de Preços

6. Como você classifica a qualidade das notícias e análises contidas no boletim MP-Conjuntura?

( ) Excelente
( ) Boa
( ) Média
( ) Insuficiente
( ) Fraca

7. Como você descreve a qualidade dos dados estatísticos contidos no boletim MP-Conjuntura?

( ) Excelente
( ) Boa
( ) Média
( ) Insuficiente
( ) Fraca

8. Existe carência de informações sobre matérias-primas siderúrgicas para o desenvolvimento de seu trabalho:

( ) Sim
( ) Não

Caso haja, quais?_____
_____
_____

9. Por favor, use o espaço abaixo para fazer quaisquer outros comentários sobre o boletim MP-Conjuntura.

_____
_____
_____

Resultado da pesquisa de satisfação do boletim *MP-Conjuntura*

Respostas enviadas aos usuários do boletim *MP-Conjuntura*

O questionário de "Pesquisa de Satisfação do boletim *MP-Conjuntura*" foi enviado a 50 usuários que fazem parte das gerências da Usiminas e da Cosipa, que consideramos o público-alvo da publicação. Obtivemos 21 respostas (42%) dos questionários enviados.

1. Qual é a relevância do boletim MP-Conjuntura para seu trabalho?

(9) Essencial
(8) Importante
(2) Relevante
(1) Interessante, porém não importante.
(1) Não é útil

Entre os usuários, 43%consideram o boletim essencial; 38% consideram-no essencial; 10%, relevante; 4%, interessante, porém não importante; para 4% não é útil; 91% percebem o boletim válido e útil para trabalho deles.

2. Boletim MP-Conjuntura é publicado mensalmente. Com que freqüência você gostaria que fosse publicado?

(18) Estou satisfeito com a freqüência atual
(2) Mais freqüentemente. Por favor, especifique: _____
( ) Menos freqüentemente. Por favor, especifique: _____

A periodicidade mensal foi escolhida por 90% dos respondentes

3. Que outras fontes de informação você utiliza, atualmente, sobre o mesmo tema do boletim MP-Conjuntura, ou seja, matérias-primas siderúrgicas?

(11) *Internet*
(8) *Trading*
(10) Fornecedores
(16) *News* (boletim diário da PGN)
(7) Jornais/Revistas:

173

Quais: ABM, *World Coal, Suma Econômica, Conjuntura Econômica,* ISS, *Coke Market Report, McCloskeys, Gazeta Mercantil.*
O boletim *News* foi apontado por 33% (16 indicações); a *Internet,* 21% (11 indicações); fornecedores, 18% (10 indicações); *Trading,* 15% (8 indicações); e revistas/jornais, 13%. As revistas e os jornais indicados são fontes disponibilizadas às áreas da Empresa pela Superintendência de Informações Técnicas.
O boletim *News,* somado às revistas e jornais, equivale a 46% das indicações.

4. Como o boletim MP-Conjuntura se compara com outras fontes regulares de informação que você acessa ou recebe?

(8) Melhor
(6) Igual
( ) Pior
(7) Sem opinião

Entre os respondentes, 38% consideram o *MP-Conjuntura* melhor que outras fontes regulares do mesmo assunto; 29% indicaram iguais e 33% não tinham opinião.

5. Qual é o seu principal interesse como assinante do boletim MP-Conjuntura?

(19) Análise
(1) Tabelas de preços

Como seu principal interesse, 91% dos usuários manifestaram a análise.

6. Como você classifica a qualidade das notícias e análises contidas no boletim MP-Conjuntura?

(11) Excelente
(7) Boa
(2) Média
(1) Insuficiente
( ) Fraca

Quanto à qualidade das análises e notícias, 50%, consideraram excelente; 33%, boa; 13%, média; e 4%, insuficiente.

7. Como você descreve a qualidade dos dados estatísticos contidos no boletim MP-Conjuntura?

(4) Excelente
(17) Boa
( ) Média
( ) Insuficiente
( ) Fraca

Quanto à qualidade da estatística apresentada, 20% a consideraram excelente e 80%, boa.

8. Existe carência de informações sobre matérias-primas siderúrgicas para o desenvolvimento de seu trabalho:

(7) Sim
(14) Não

Nas respostas sobre a carência de informações sobre matérias-primas, 67% consideraram-se satisfeitos com o que é apresentado e 33% indicaram necessidades que serão detalhadas a seguir:

- Cinco opiniões sobre análise de tendências do mercado. Sentimos falta de análises considerando os cenários mais prováveis para o mercado futuro.
- As publicações internacionais, infelizmente, consideram o mercado brasileiro de carvão em segundo plano, portanto existe certa carência de informações sobre quais são as estratégias das usinas integradas a coques brasileiras.
- Informações atualizadas de preços de combustíveis sólidos (carvão, coque, coque verde, antracito) pelo mundo.
- No mercado de ferro/ligas, alumínio e fundentes, temos mais informações do mercado externo do que o interno.

Parecer: De acordo com as possibilidades das fontes de informação existentes, procuraremos atender aos pedidos.

AVALIAÇÃO FINAL

Pelas oito questões do questionário respondidas pelos usuários, pode-se concluir que o boletim *MP-Conjuntura* vem cumprindo seus objetivos. Seus usuários o vêem como uma publicação útil e ferramenta de apoio ao trabalho deles. Agradecemos a participação de todos. As respostas e sugestões apresentadas serão de grande valia para o desenvolvimento do boletim *MP-Conjuntura*.

Superintendência de Informações Técnicas.

---

e) Pesquisa de satisfação do banco de dados Acompanhamento permanente de normas técnicas (APNT)

PESQUISA DE SATISFAÇÃO DO APNT

Caro usuário:

O objetivo com esta pesquisa é conhecer a sua satisfação e o nível de uso do sistema APNT para que possamos aprimorar continuamente a qualidade do atendimento nos serviços de normas técnicas.

Instruções para preenchimento

Utilizaremos, em várias ocasiões, a escala de notas de 1 a 5, na qual 1 indica a nota mais baixa e 5 a mais alta. Exemplo:

    1 = Muito insatisfeito
    2 = Insatisfeito
    3 = Nem satisfeito/nem insatisfeito
    4 = Satisfeito
    5 = Muito satisfeito

Para indicar a satisfação, basta fazer um círculo em torno do número que reflita sua opinião.

A sua participação é vital para aprimoramento de serviço de normas técnicas.

Nome:
Setor:
Ramal:

1. Gostaríamos de conhecer qual é o seu grau de satisfação com o APNT, entendendo como satisfação o atendimento de suas necessidades e de suas expectativas.

	Muito insatisfeito				Muito satisfeito
a) O APNT como um todo	1	2	3	4	5
b) A maneira de acessar o banco de dados	1	2	3	4	5
c) A disposição das informações no APNT	1	2	3	4	5
d) Se atende as suas necessidades	1	2	3	4	5
e) Aspecto visual	1	2	3	4	5

Caso ache relevante, comente suas respostas.

2. E, com relação aos seguintes atributos, qual é sua satisfação?

	Muito insatisfeito				Muito satisfeito
a) Confiabilidade das informações	1	2	3	4	5
b) Atualidade das informações	1	2	3	4	5
c) Organização/apresentação das informações	1	2	3	4	5

Caso ache relevante, comente suas respostas:

3. Quanto ao atendimento da Superintendência de Informações, qual é a sua avaliação?

	Muito insatisfeito				Muito satisfeito
a) Atendimento de um modo geral	1	2	3	4	5
b) Atendimento por telefone	1	2	3	4	5
c) Atendimento pessoal	1	2	3	4	5

Caso ache relevante, comente suas respostas:

4. Você já teve alguma dificuldade quanto ao entendimento ou utilização das informações do APNT?

        a) Sim   b) Não

Caso positivo, por favor, descreva essa(s) situação(ões):

5. Você tem encontrado alguma dificuldade para conectar e acessar o APNT?

        a) Sim   b) Não

Caso positivo, por favor, descreva essa(s) dificuldade(s):

6. O APNT cobre todas as normas técnicas necessárias ao desenvolvimento de suas tarefas no dia-a-dia?

        a) Sim   b) Não

7. Você tem consultado o APNT na Intranet:

        a) Diariamente
        b) Semanalmente
        c) Mensalmente
        d) Quando necessário

8. Você sabia que na sua própria Gerência pode gerar o seu relatório de atualização quando necessário?

        a) Sim   b) Não

Caso negativo, por favor, entre em contato com a Superintendência de Informações.

f) Contador de acesso aos produtos e serviços da Superintendência de Informações Técnicas

PSN – Contadores de Acessos – Fevereiro 2006			
Item	Acessos	Início	Último
NEWS	49 456	31/01/2006 4:47:24 PM	01/03/06 14:17:16
ATS	382	31/01/06 17:56:46	01/03/06 03:53:46
BE	39	01/02/06 15:12:41	28/02/06 13:31:49
EB	161	31/01/06 21:16:15	01/03/06 09:37:02
IB	913	01/02/06 08:02:34	01/03/06 13:47:16
MC	121	31/01/06 17:35:35	27/02/06 13:25:47
MP	143	01/02/06 11:26:03	24/02/06 14:05:32
MPA	164	01/02/06 09:56:42	23/02/06 17:21:38
PS	199	31/01/06 17:38:01	01/03/06 09:28:07
PMA	125	31/01/2006 4:47:55 PM	25/02/06 21:09:30
IA	177	31/01/06 16:49:15	28/02/06 13:07:51
Cip Online	874	31/01/2006 4:48:22 PM	01/03/06 13:04:15
Adquiridas	182	31/01/06 17:48:25	01/03/06 10:39:48
Congressos	321	31/01/06 19:41:31	28/02/06 13:03:07
BDR	1894	31/01/2006 4:47:39 PM	01/03/06 13:54:39
Cosipa	164	01/02/06 00:43:52	01/03/06 14:10:27
Umsa	198	01/02/06 07:47:09	01/03/06 13:52:23
NOT	912	31/01/2006 4:47:37 PM	01/03/06 14:10:46
BDE	745	31/01/06 16:50:19	01/03/06 14:09:23
BDM	237	31/01/06 20:10:35	01/03/06 13:34:59
Guia	431	31/01/06 17:30:23	28/02/06 09:46:42
Gts	368	31/01/06 17:03:39	01/03/06 13:32:38
APNT	1870	31/01/06 16:58:13	01/03/06 13:27:21
BDC	0		
BEST	287	31/01/06 17:11:18	24/02/06 12:08:12
BPE	354	31/01/06 17:15:54	28/02/06 00:03:39
BDI Metadex	98	01/02/06 14:23:22	01/03/06 14:11:10
ASM (antes)	0		
ASM	298	31/01/06 18:39:38	28/02/06 14:27:16
HCWSS	123	31/01/06 16:52:47	28/02/06 14:27:09
Aurélio	278	01/02/06 16:45:17	28/02/06 09:19:06
Michaelis	120	01/02/06 21:16:54	28/02/06 09:16:44
Bin CGA	42	01/02/06 08:21:33	24/02/06 15:49:24
Foto CGA	65	31/01/06 21:43:06	22/02/06 17:25:39
Foto CMM	38	01/02/06 15:29:32	25/02/06 17:56:24
Foto PGC	69	03/02/06 11:31:38	01/03/06 13:49:21
Vídeo PGC	38	02/02/06 05:59:03	01/03/06 13:48:03
Press Release	25	05/02/06 11:01:19	17/02/06 14:43:40
Fale Conosco	54	01/02/06 21:40:55	21/02/06 14:48:43
Pesquisa	189	01/02/06 11:50:55	28/02/06 14:28:56
Empréstimo	244	31/01/06 22:56:41	01/03/06 12:37:06
Cópia	324	02/02/06 12:56:02	01/03/06 14:02:33
Aquisição	173	31/01/06 21:46:37	01/03/06 14:20:31
PSN por dentro	32	18/02/06 11:41:11	18/02/06 11:41:11
Links siderúrgicos	87	08/02/06 12:28:51	27/02/06 16:25:17

g) **Parte do medidor de uso dos bancos de dados da Superintendência de Informações Técnicas**

Mfn	Ano	Mês	Dia	Semana	Estação	Resultados	Banco	Expressão de busca	Indice 2	Expressão de busca direta do indice
374779	2006	2	1	3	10.12.1.135	5	Apnt	rugosidade		
374780	2006	2	1	3	10.12.1.135	1	Apnt	rugosidade		
374781	2006	2	1	3	10.12.1.135	4	Apnt	rugosidade		
374826	2006	2	1	3	10.14.3.112	11	Bdr	coquilha		
374827	2006	2	1	3	123.100.5.24	5	Apnt			
374828	2006	2	1	3	123.238.1.5	7	Apnt	iso 9001		
374829	2006	2	1	3	123.238.1.5	21	Apnt	iso 9000		
374831	2006	2	1	3	123.100.5.24	1	Apnt			
374833	2006	2	1	3	10.14.3.112	0	Bdr	coquilhado		
374834	2006	2	1	3	10.14.3.112	713	Bdr	solidificação		
374836	2006	2	1	3	10.14.3.112	15	Bdr			
374837	2006	2	1	3	123.100.5.24	5	Apnt			
374842	2006	2	1	3	123.100.5.24	1	Apnt			
374843	2006	2	1	3	10.14.3.112	70	Guia	cobre		
374854	2006	2	1	3	10.27.1.27	100	Guia	Celso		
374862	2006	2	1	3	10.14.1.51	36	Apnt	api		
374865	2006	2	1	3	131.100.5.47	10	Apnt	soldabilidade		
374876	2006	2	1	3	113.214.202.92	28	Not			
374885	2006	2	1	3	########	87	Bdr			
374892	2006	2	1	3	########	64	Bdr	Fuzzy		
374899	2006	2	1	3	########	19	Bdr			
374924	2006	2	1	3	131.100.8.3	24	Apnt	dnv		
374937	2006	2	1	3	########	41	Bdr			
374984	2006	2	1	3	########	140	Not	hylsamex		
374993	2006	2	1	3	113.214.202.92	73	Not	sidenor		
375008	2006	2	1	3	########	32	Not	vallourec		
375092	2006	2	1	3	10.41.1.87	24	Apnt	DNV		
375096	2006	2	1	3	131.100.8.167	0	Bic	low fuel rate		
375097	2006	2	1	3	131.100.8.167	1	Bic	fuel rate		
375100	2006	2	1	3	131.100.8.167	9	Bic	ironmaking		
375102	2006	2	1	3	131.100.8.167	2	Bic	haut		
375104	2006	2	1	3	131.100.8.167	2	Bic			
375106	2006	2	1	3	131.100.6.198	140	Best			
375108	2006	2	1	3	131.100.6.198	78	Best			
375109	2006	2	1	3	123.238.3.60	1	Bdr	T=036384		
375118	2006	2	1	3	131.100.4.77	2	Bic	ogata		
375121	2006	2	1	3	131.100.4.77	0	Bdr			
375122	2006	2	1	3	131.100.8.167	0	Bic	teodolito		
375124	2006	2	1	3	131.100.8.167	0	Bdr	teodolito		
375125	2006	2	1	3	131.100.8.167	81	Bic	medição		
375140	2006	2	1	3	131.100.8.167	24	Apnt	dnv		
375141	2006	2	1	3	123.238.3.60	0	Apnt		2898	
375142	2006	2	1	3	123.238.3.60	0	Apnt		2898	
375144	2006	2	1	3	10.31.2.45	23	Apnt	bend		
375146	2006	2	1	3	131.100.11.80	1	Bic			
375148	2006	2	1	3	10.31.2.45	23	Apnt			
375150	2006	2	1	3	10.22.1.81	0	Apnt	nr10		
375151	2006	2	1	3	10.31.2.45	1	Apnt		290	
375152	2006	2	1	3	123.238.3.60	1	Apnt		290	
375155	2006	2	1	3	123.238.3.174	1	Apnt		290	
375156	2006	2	1	3	10.41.1.122	1	Bdr	t=036293		
375157	2006	2	1	3	10.31.2.45	1	Apnt			
375158	2006	2	1	3	123.238.2.202	45	bdm	temperatura		
375159	2006	2	1	3	10.31.2.45	2	Apnt		568	
375160	2006	2	1	3	10.14.1.97	0	not	voce s/a		
375162	2006	2	1	3	10.14.1.97	683	not	você		
375164	2006	2	1	3	10.14.1.97	683	not			
375167	2006	2	1	3	10.14.1.97	5	not	PEGN		
375169	2006	2	1	3	10.31.2.45	2	Apnt			
375171	2006	2	1	3	10.31.2.45	4	Apnt		8	
375172	2006	2	1	3	131.100.8.3	24	Apnt	dnv		

375175	2006	2	1	3	10.14.1.97	49	not	ELOGIOS
375176	2006	2	1	3	10.31.2.45	4	Apnt	
375178	2006	2	1	3	10.31.2.45	1	Apnt	190
375179	2006	2	1	3	10.14.1.97	0	not	VOCÊ S.A
375186	2006	2	1	3	10.14.1.97	683	not	VOCÊ S.A
375188	2006	2	1	3	10.14.2.253	20	Apnt	8
375189	2006	2	1	3	10.14.1.97	170	not	
375191	2006	2	1	3	113.214.206.75	39	Not	carvão
375192	2006	2	1	3	10.14.2.253	1	Apnt	568

h) Pesquisa de satisfação sobre a Superintendência de Informações Técnicas

QUESTIONÁRIO

1) Com que freqüência você utiliza os produtos e serviços da PSN?

☐ Diariamente   ☐ Semanalmente   ☐ Mensalmente   ☐ Não uso

1a) Se não utiliza os produtos e serviços, por que?:

☐ Problemas de acesso   ☐ Falta de conhecimento   ☐ Não possui interesse   ☐ Outros motivos. Quais?_____ (Favor devolver o questionário)

2) Em relação às informações disponibilizadas na *Intranet* da PSN, qual a sua opinião a respeito de:

	Excelente	Boa	Regular	Insatisfatória	Sem opinião
Confiabilidade das informações	☐	☐	☐	☐	☐
Atualidade das informações	☐	☐	☐	☐	☐
Clareza das informações	☐	☐	☐	☐	☐
Volume de informações disponíveis	☐	☐	☐	☐	☐
Organização/apresentação das informações	☐	☐	☐	☐	☐
Utilidade da informação às suas atividades do dia-a-dia e para suas decisões	☐	☐	☐	☐	☐

3) Qual tipo de boletim é de seu interesse? (Pode-se marcar mais de uma opção)

☐ Referencial (IB – Informações bibliográficas, CIP Online – Sumário de periódicos)

☐ Noticioso (*News, ATS – Atualidades Técnico-Siderúrgicas, Panorama Siderúrgico*)

☐ Analítico (*Mercado e Produtos de Aço – MPA; Matérias-Primas – MP; Conjuntura; Economia Brasileira, Movimentos da Concorrência, Perspectivas do Mercado do Aço*)

☐ Estatístico (*Índices Atualizados – IA*)

4) Qual é o seu grau de satisfação com os boletins editados pela PSN?

	Excelente	Boa	Regular	Insatisfatória	Sem opinião
Aspecto visual	☐	☐	☐	☐	☐
Periodicidade	☐	☐	☐	☐	☐
Pontualidade	☐	☐	☐	☐	☐

Qualidade das informações	☐	☐	☐	☐	☐
Quantidade de informações	☐	☐	☐	☐	☐
Confiabilidade das informações divulgadas	☐	☐	☐	☐	☐
Abrangência das informações	☐	☐	☐	☐	☐
Grau de profundidade do conteúdo das informações	☐	☐	☐	☐	☐

5) Que tipo de banco de dados você utiliza? (pode-se marcar mais de uma opção)

☐ Referencial (Banco de dados referencial – BDR; Banco referencial Cosipa – BIC; anco de memória técnica Usiminas – BDM; Banco referencial Usiminas mecânica – BIR; Acompanhamento de normas técnicas – APNT)

☐ Noticioso (*Banco de Notícias* – NOT)

☐ Estatístico (Banco de dados estatístico – BDE)

6) Qual é seu grau de satisfação com os BANCOS DE DADOS da PSN?

	Excelente	Boa	Regular	Insatisfatória	Sem opinião
Aspecto visual dos bancos	☐	☐	☐	☐	☐
Formas de busca da informação	☐	☐	☐	☐	☐
Facilidade de acesso	☐	☐	☐	☐	☐
Confiabilidade das informações divulgadas	☐	☐	☐	☐	☐
Abrangência das informações	☐	☐	☐	☐	☐
Qualidade do conteúdo	☐	☐	☐	☐	☐

7) Você tem encontrado alguma dificuldade para acessar e/ou fazer consultas nos bancos de dados da PSN na *Intranet*?

☐ Sim   ☐ Não   ☐ Sem opinião

7 a) Em caso afirmativo, por favor descreva essas dificuldades:

8) Qual o seu grau de satisfação com relação aos serviços prestados pela PSN?

	Excelente	Boa	Regular	Insatisfatória	Sem opinião
Aquisição de livros, periódicos, normas técnicas e afins	☐	☐	☐	☐	☐
Cópias de artigos, congressos e afins	☐	☐	☐	☐	☐
Empréstimo de materiais	☐	☐	☐	☐	☐
Pesquisa bibliográfica	☐	☐	☐	☐	☐
Pesquisa estatística	☐	☐	☐	☐	☐

9) Você tem encontrado alguma dificuldade para conectar e fazer solicitações de serviços à PSN? (via rede, telefone, contato pessoal)?

☐ Sim   ☐ Não

9 a) Em caso afirmativo, por favor indique quais:

10) Em relação aos funcionários da PSN:

	Excelente	Boa	Regular	Insatisfatória	Sem opinião
São cordiais/Têm empatia	☐	☐	☐	☐	☐
Demonstram interesse em atender a suas necessidades de informação	☐	☐	☐	☐	☐

Cumprem suas promessas quanto ao prazo	☐	☐	☐	☐	☐
Têm sentido de urgência quando explicitados	☐	☐	☐	☐	☐
São acessíveis	☐	☐	☐	☐	☐
Têm boa compreensão das necessidades solicitadas por você	☐	☐	☐	☐	☐
Têm profissionalismo	☐	☐	☐	☐	☐

11) Como você considera a contribuição do Sistema de Informação da PSN para seu aprimoramento e atualização profissionais?

☐ Importante ☐ Relevante ☐ Não relevante ☐ Sem opinião

12) Há outras informações que você considera importantes para o seu trabalho e que gostaria que a PSN disponibilizasse?

☐ Sim ☐ Não

12a) Em caso afirmativo, por favor, indique quais:

Qualquer livro do nosso catálogo não encontrado nas livrarias pode ser pedido por carta, fax, telefone ou pela Internet.

✉ Rua Aimorés, 981, 8º andar – Funcionários
Belo Horizonte-MG – CEP 30140-071

📱 Tel: (31) 3222 6819
Fax: (31) 3224 6087
Televendas (gratuito): 0800 2831322

@ vendas@autenticaeditora.com.br
www.autenticaeditora.com.br

Este livro foi composto com tipografia Times New Roman, e impresso em papel Off Set 75 g. na Formato Artes Gráficas.
